知識ゼロの私でも!

# 日本一わかりやすいお金の教科書

\知らない人は損してる!/

ファイナンシャルプランナー
深田晶恵

20代を楽しんでいるあなた、
30代を精一杯生きているあなた、
40代に気づいたらなっていたあなた――

# 思い当たること、
# ありませんか？

A子（26）
独身 会社員 年収300万円
賃貸 "人生＝アイドル"
「私の将来、大丈夫？」
は～♡ホント顔も声も最高!!
来月の遠征たのしみ～～♡
No.1グループ 写真集
そういえば!! まだホテル押さえてないじゃーーん!!
早割終わってるし!!
もういいや… 超高いけど仕方ない…
ポチッ
テレビでも見るか…
最近増えているという"貧困女子"… 実態はいかに。
貧困女子とは！
街にいる若い女性に、話を聞いてみましょう
手取りは15万円!! え？貯金?? そんなのありませんよ。も～～お先まっ暗ですよね…
……
これ… これは…私??
年金ってなに～
給料少ないのに追っかけして貯金も全然ないし…しかも年金もらえるかもわかんないし… お金持ちのだんなさんも現れないし… 私、どうすれば!?
大丈夫、まだ間に合うわよ!!

B子（34）

既婚 子ども1人 世帯年収700万円
郊外賃貸マンション
「老後の貯蓄なんて無理」

ねえパパ～、うちもマイホーム欲しいね～

確かにな～マンションも狭くなってきたことだし…

そろそろ買いどきかもな!! とはいえ…ポンッと買える値段じゃないよなぁ～…

そうなの～これだってこんな値段!!

新築おすすめ
2人の貯金600万円合わせても厳しいよね…

わ～カッコイイ～

もし買うとしたら住宅ローンに加え生命保険でしょ～それに子どもの教育費に学資保険も!!

もう一人増えるかもしれないし…老後の貯蓄なんて、一体いくらあれば安心なのかな…!?

そういえばさ!! 会社の先輩が最近、投資はじめて大儲けしたらしいんだよね!!

うちもやっちゃう～??

え～大丈夫?!

いやいやちょっと待って!!

C子（42）
独身 会社員 ひとりっ子
年収500万円 賃貸
「ずっと……ひとりかも?!」
は〜っ今日も疲れたなぁ〜
実家に寄ってゴハン食べてこ
ただいま〜
おかえり〜 今日もおつかれ様
しかしアンタっていつになったらいい人連れて来るのかねぇ
でた…
いやいや…もういいでしょその質問は。何百回目よっ!?
この間、生命保険会社の人が保険の見直しに来たんだけどね、
「娘さんお一人で心配ないですか?」って。ちゃんと保険入ってるの??
ほけんの見直し
まぁ一応ね〜。そこそこ貯金もあるし、心配しなくても大丈夫〜
多分…
お父さんたら腰やっちゃって三日も寝込んでたんだよ〜やんなっちゃう。
もう年だな〜
私って…このまま一人で生きていっても…貯金だっていつか底をつくだろうし、それに両親の介護がはじまったら…??え?
モヤモヤ
ヤバくない!?
今から備えれば大丈夫!!

この本は

# こんな「あなた」に読んでほしい

老後っていくらあれば
足りますか？
2000万円???

お金知識ゼロの私。
貯められる人に
なりたい！

気づくとお金が
なくなっています

女子にも
保険は必要ですか

貯金したいけど
給料が安いんです

将来、貧困女子に
ならないか不安です

お金の貯め方が
わかりません

年金って
本当にもらえる
んですか？
もしひとりで
生きていくことに
なったら……

知識ゼロです。
株とか投資信託とか
……投資って
始めないとダメですか

……一生、あなたの強い味方になってくれるのが「お金の知識」。

年金だけに頼れない時代のお金の新常識、学んでいきましょう！

# はじめに

## マネーセンスを身につけよう！ 第一歩は「知る」ことです。

この本を手にとったあなたは「お金のことがわからなすぎるからなんとかしたい」、もしくは「ちゃんと貯められるようになりたい」「お金の不安をなくしたい」と思っているのではないでしょうか。それって素晴らしいことです！ なぜなら、知ること自体が立派なアクションだから。本を読んでみようと思った時点で、第一歩を踏み出しているんですよ。

昔はとくに知識がなくても、お給料やボーナスから少し貯金したり、貯蓄できるタイプの保険に入るだけで、お金を増やすことができました。それだけ金利が高かったからです。

でも今は、銀行に預けていてもほとんど増えないし、ただなんとなく暮らしていては貯金もままならない時代。だからこそ、〝仕組み〟をつくって貯める、増やすことが大切です。

なんだか難しそうと思うかもしれませんが、本当に知るべきことは意外とシンプル。制度の基本や、なぜそうするのかという理由をわかってさえいれば、お金と末長く付き合っていくうえで怖いものなし、最強です。

言い換えれば、知らないだけで損してしまうということ。もったいないですよね？


この本では、毎日がんばっているけど将来が不安でしかたないという女性たちの悩みや疑問に寄り添って、働き方から結婚、出産、老後まで、人生の荒波（？）を乗りこえていくために知っておきたい〝お金のすべて〟を、わかりやすく解説しています。

お金の知識は、どんなときにもあなたを守ってくれる宝ものになります。明日から、貯まる人になりましょう！

**深田晶恵**
**（ファイナンシャルプランナー）**
㈱生活設計塾クルー取締役。外資系電機メーカー勤務を経てFPに転身。個人向けのコンサルティングのほか、各メディアで活躍中。自他ともに認めるお酒好き。特技は飲み会の幹事！

# CONTENTS

この5人があなたと一緒に学びます

# 「私たち、お金に困らない人生を送りたいんです！」

今のうちに
お金を貯めるぞ！
実家暮らしで
コツコツ倹約中
セッチー
保険

お給料が上がらないのが悩みのタネ。「ひとり暮らしがしたいけど、あと100万円くらい貯金できてから考えようかな」

300万円の
貯金を達成！
経済ニュースも
ばっちりチェック
バリ姉さん

収入が高めなので仕事も貯金も順調。「株とか不動産にも興味あります。お金を増やして、老後資金を貯めなくちゃ」

## 今、貯金があってもなくても……間に合います！

宵越しの金は
持たない主義
お給料は
ぜんぶ使っちゃう
バブ美

楽しいことや自己投資にお金を使うのは当たり前。だから貯金はほぼゼロ。「仕事もプライベートも充実してないとね！」

収入が増えない
ことが悩み
今から老後が
心配でたまらない
心配ちゃん

唯一の既婚者。家計管理がうまくできているのか自信がない。「共働きなのに、あまりお金を貯められてないかも……」

結婚したら仕事を

貯金はさておき
絶賛婚活中
ユメ子

ハイスペック男子と結婚して専業主婦になるのが夢。仕事はできれば辞めたい。「結婚が安定への近道じゃないの？」

## 今から始めれば大丈夫！

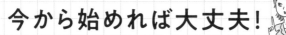

PART.1

# 私、ホントはいくらもらってる？

## ―給料のオモテとウラを知る―

# 「私たちってこんなにもらえてなかった!」

深田×心配ちゃん対談

**深田**　最初のテーマは、いちばん身近なお金＝お給料について。心配ちゃんは、毎月もらう給与明細をちゃんとチェックしてる?

**心配ちゃん**　えーっと、毎月の振り込み額だけは確認してます。最近は残業してないからか、給料すごい少ないな〜とか。

**深田**　みんなだいたいそうなのよね。でも、それじゃチェックしたことになりません。だって、額面のお給料と実際に振り込まれる金額って、ずいぶん違うでしょう?

**心配ちゃん**　あ、はい。なんでこんなに手取りが少ないの???って思ってました。

**深田**　そう、「手取り」と、「引かれている中身」の両方に注目することが大切なんです。

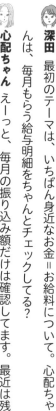

**心配ちゃん**　どうしてですか？

**深田**　手取りって、つまりは実際に使えるお金のこと。このなかから生活費、おこづかい、貯金の金額を決めるわけだから、手取り額を知らなければ、計画的に貯金もできないし、毎月の収支も把握できないの。

**心配ちゃん**　たしかに。私、毎月の収支もわからないし、貯金もときどきしかできてません～。

**深田**　まずは給与明細の見方からね。わからない項目ってある？

**心配ちゃん**　そうですねぇ。支給されている手当とかはだいたいわかるかな。引かれているのは税金と保険料と、共済っていうのもある……、っていうか、いろいろ引かれすぎじゃないですか？　ひどい！

**深田**　そうね、お給料から天引きされているものってたくさんあって損しているような気がするかもしれないけど、実は、損ともいえないのよ。

**心配ちゃん**　えっ？

**深田**　まず厚生年金保険、雇用保険、健康保険といった社会保険料は、どれも自分のためのもの。厚生年金は老後に、雇用保険は失業したときにもらえるお金だし、医療費が3割負担ですむのは健康保険のおかげよね。

## [ 年収500万円の手取り推移 ]

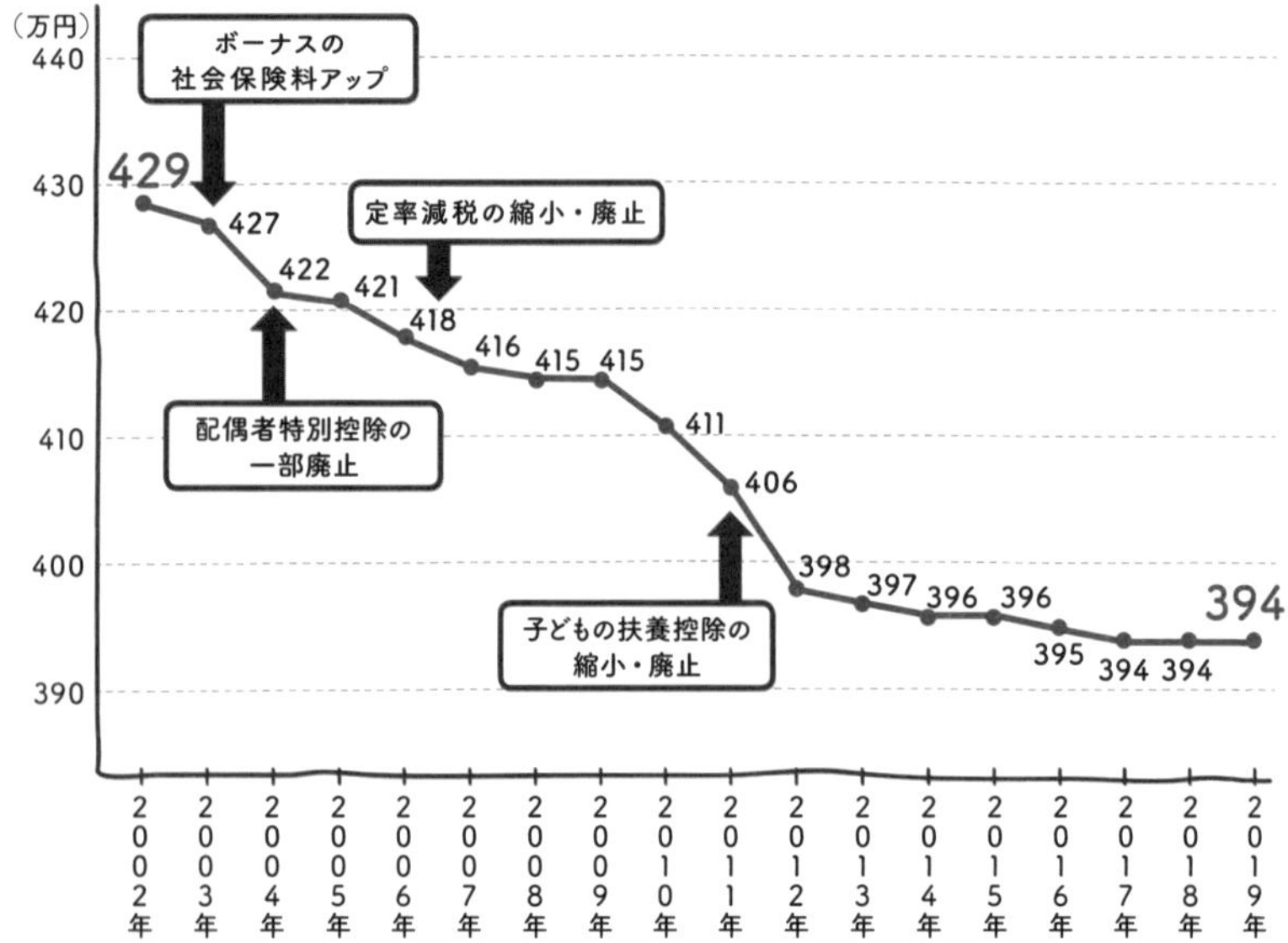


※40歳以上でパートの妻と子どもが2人いる会社員の例。
©試算及びグラフ作成／深田晶恵

2002年に **429万円**

もらえていたのが……

35万円も減っている!

2019年には **394万円** に!

**心配ちゃん**　まぁ、わかりますけど。でも、税金は？　これは自分のために払うお金じゃないですよね。

**深田**　税金って、会社員だろうと自営業だろうと払わなければいけないもの。道路や公共サービスも税金が原資です。でも自分で毎月忘れずに納めようと思ったら、けっこう面倒でしょ？　どっちにしろ払うものは、あらかじめお給料から引かれていたほうがラクですよ。

**心配ちゃん**　うーん、そうですかねぇ。

**深田**　そう考えると、天引きって悪くないシステムなんです。ただ、保険料が上がったりすることで、同じお給料でも手取りが変わってきていて、右のグラフにあるように、年収５００万円の人の手取りは、この15年のあいだに35万円も減っているの。

**心配ちゃん**　わ、手取りが３００万円台になっちゃってる！

**深田**　そう。手取りを知ることが大事だってわかるでしょう？

**心配ちゃん**　自分の手取りが想定外に減っても気づいていなかったら怖いですね。今月からちゃんと給与明細、チェックします！

# 「給料」と「手取り」って何が違うの？
# 自分の給与明細から
# ホントの収入を知るには

## 手取りの出し方［月収］

「振り込み額しか見ない」という人の多いこと！　給料にプラスされる「手当」や、給料から引かれている「控除」もチェックするようにしましょう。給料のカラクリを知れば、お金も貯めやすくなります。

**基本給**
＋残業手当
役職手当など

↓

**給与明細の「総支給額」のことを言います。**

｜ マイナス

**税金**
（所得税や住民税）
**社会保険料**

↓

**この部分が「増える」と手取りは「減る」んです！**

※社会保険料とは……厚生年金保険料、健康保険料、雇用保険料などのこと。

＝ イコール

**手取り**

↓

**これが実際にもらえるお金です！**

# 給与明細の読み解き方

メーカー勤務 28歳

## A子さんの場合

営業職でかなり忙しいほう。給与明細をチェックするのは気が向いたとき（半年に1度）くらい

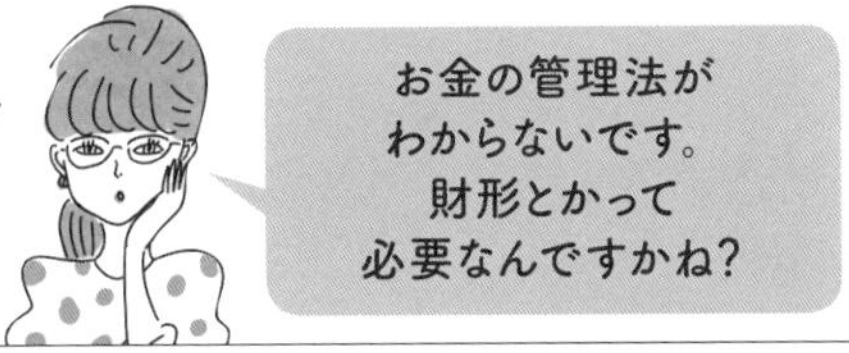

お金の管理法がわからないです。財形とかって必要なんですかね？

**［ 給与支給明細書 ］**

2019年1月分給与

●●●●●●●●●株式会社

| 勤　怠 | |
|---|---|
| 勤務日数 | 18.00 |
| 年休日数 | |
| 半日年休日数 | |
| ❷ 年休残日数 | 16.50 |
| 欠勤日数 | |
| 普通残業時間数 | 38.10 |
| 休日残業時間数 | |
| 深夜残業時間数 | 9.48 |

| 支　給 | |
|---|---|
| 役割給 | |
| ❶ 基本給 | 252,500 |
| 調整給 | |
| 家族手当 | |
| 別居手当 | |
| 出向手当 | |
| 資格手当 | |
| 互助会手当 | 500 |
| ❸ DC前払金 | 5,920 |
| 寒冷地手当 | |
| 残業手当 | 78,140 |
| 休日手当 | |
| 深夜手当 | 22,964 |
| 家賃補助 | |
| 持株会奨励金 | |
| 健保給付金 | |
| 通勤交通費 | |
| 欠勤控除 | |
| 支給合計額 | 360,024 |

| 控　除 | |
|---|---|
| 健康保険 | 14,094 |
| 介護保険 | |
| 厚生年金 | 32,940 |
| 雇用保険 | 1,080 |
| 所得税 | 9,400 |
| 住民税 | 20,000 |
| 互助会費 | 1,000 |
| 組合費 | 5,500 |
| 持株会 | |
| 寮社宅家賃 | |
| 寮食費 | |
| 生命保険 | |
| 損害保険 | |
| 財形貯蓄 | |
| グループ共済 | 0 |
| 控除合計額 | 84, 014 |

| 差引支給額 | |
|---|---|
| 差引支給額 | 276,010 |
| 振込支給額1 | 276,010 |
| 振込支給額2 | |
| 現金支給額 | |

### POINT ❸

#### DCは「年金」がお得

そもそもDC（=確定拠出年金）は、60歳以降に非課税で受け取るお金を貯める制度。給料として前払いでもらうと、課税されてしまいます。

### POINT ❷

#### 有休をとりましょう!

働き方改革で、有休をとることを後押しする法律に。「年休残日数」をチェックして、年度内に有給休暇を上手に使いましょう。

### POINT ❶

#### 1年間の給料の基準

「基本給」は年齢や勤続年数などによって（会社ごとに異なる）毎年決まるもの。1年間、残業代などの基準になります。

### ? A子さんの場合、ホントはひと月でいくらもらっている？

**36万円**（額面） ー **2万9400円**（税）＋**約5万5000円**（社会保険料ほか） ＝ 約**27万円**（手取り）

なんと-9万円!

深田's Advice

この月は繁忙期だったのでしょうか。残業が多くて、その分、お給料も高くなっていますね。まさに今がお金の貯めどきです！ せっかく会社に財形貯蓄（給料から天引きで貯蓄できる制度）があるなら、これを活用して毎月一定額を積立しましょう。

公務員　26歳

## B子さんの場合

実家暮らし。毎月余った分を貯金してきたので貯蓄は300万円ほど。給与明細は毎月、振り込み額だけ確認

私の給料の場合、どのくらい貯金があるべきですか?

### [ 給与支給明細書 ]

2019年1月分給与
●●県

**支給明細**

| 給料 | 資格手当 | 扶養手当 | 地域手当 | 住居手当 | 通勤手当 | 時間外勤務手当 | 夜間勤務手当 |
|---|---|---|---|---|---|---|---|
| 194,300 | | | 28,645 | | 7,170 | 2,280 | |
| 休日勤務手当 | 単身赴任手当 | 寒冷地手当 | 皆勤手当 | | | | |
| | | | | | | | |

**控除明細**

| ② 共済短期 | 介護保険料 | 共済福祉 | ② 厚生年金保険料 | ③ 雇用保険 | | ① 所得税 | 住民税 |
|---|---|---|---|---|---|---|---|
| (※) 14,040 | | 600 | 29,700 | | | 4,080 | 13,200 |
| 互助会 | 共済融資 | 生命保険料 | 損害保険料 | 財形貯蓄 | 保険料 | 組合費 | |
| 500 | | | | | | 471 | |

| 総支給額 | 控除額合計 | 差引支給額 |
|---|---|---|
| 232,395 | 62,591 | 169,804 |

※ 公務員の場合は「共済短期」が健康保険料に当たる。

POINT ③

### 雇用保険がないのは?

会社員が加入する雇用保険。失業給付の原資ですが、公務員にはこれがありません。雇用が保障されているのがその理由です。

POINT ②

### 社会保険料の基本のき

厚生年金は、老後の生活を支える年金のための保険料。健康保険は、病気・ケガで治療を受けるときに一部負担ですむ制度。

POINT ①

### 引かれる税金は2つ

所得税も住民税も所得によって税率が決まります。住民税は前年の所得に対してかかるので会社を辞めた翌年も払うことに。

### ? B子さんの場合、ホントはひと月でいくらもらっている?

**23万円**（額面） － **1万7000円**（税）＋**4万5000円**（社会保険料ほか） ＝ 約**17万円**（手取り）

なんと-6万円!

深田's Advice

社会人になってからの4年間で300万円の貯金ができたということは、1年に70万円以上貯められているということですね。実家住まいということもありますが、いいペースです。ただ、余った分を貯金に回すだけでは計画的に貯めることができません。ぜひ積立を検討してみて。

金融系勤務 34歳

## C子さんの場合

損害保険会社に勤めているので、自社の保険に加入している。給与明細は手取り額と控除額を見るだけ

保険などいろいろ入っているけどこの貯め方でいいの？

### [ 給与支給明細書 ]

2019年1月分給与
●●●●●●●●●株式会社

| 勤怠 | |
|---|---|
| 法内時間数 | 18.57 |
| 法外時間数 | 14.16 |
| 労働日数 | 22.00 |
| 労働時間数 | 154.00 |
| 法内時間単価 | 1,971 |
| 法外時間単価 | 2,461 |
| 週40時間超割増 | 494 |
| 深夜勤務時間割増 | 494 |
| 60時間超割増 | 494 |

| 支給 | |
|---|---|
| 基本給 | 242,500 |
| 地域手当 | 33,077 |
| みなし労働手当 | 99,240 |
| 支給合計額 | 374,817 |

| 控除 | |
|---|---|
| 健康保険料 | 10,944 |
| 厚生年金保険料 | 34,770 |
| 雇用保険料 | 1,124 |
| 所得税 | 10,670 |
| 住民税 | 27,300 |
| ❶ 生命保険料 | 6,981 |
| ❶ 損害保険料 | 20,000 |
| ❷ 共済会費 | 220 |
| ❷ 労働組合費 | 1,984 |
| ❷ 共済組合費 | 250 |
| ❷ その他控除額 | 500 |
| 控除合計額 | 114,743 |

| 差引支給額 | |
|---|---|
| 差引支給額 | 260,074 |
| 振込口座 | |
| ❸ A口座 | 210,074 |
| ❸ B口座 | 50,000 |

### POINT ❸
**積立用の口座は◎**

口座を2つに分けて、一方を積立用にしているとのこと。強いて言えば、普通口座だとすぐ引き出せてしまうのが難点。

### POINT ❷
**会社ごとに費用は異なる**

共済費、組合費、互助会費などは、会社ごとにかなりばらつきがあると気づきましたか？　仕組みやメリットを調べてみて。

### POINT ❶
**控除には任意のものも**

会社を通じて保険に入ると、その保険料も給料から天引きされます。ついつい見直すことを忘れがちなので注意！

### ？ C子さんの場合、ホントはひと月でいくらもらっている？

なんと −9万円！

**37万円**（額面） − **3万8000円**（税） ＋ **4万8000円**（社会保険料ほか） ＝ 約**28万円**（手取り）

※C子さんの場合、①の生命保険と損害保険に任意で加入しているため、その分を手取りに追加。

**深田's Advice**

自社の貯蓄型保険に入っているのですね。貯蓄型保険は途中解約すると損なので、近い将来の出費には不向き。これだけでお金を貯めようとするのは無理があるのですが、振り込み口座のBで積立をしているならバランスがいいのでは？　定期的に積立額を見直してみて。

毎月の手取りがわかったら……

# 自分の「年収」の手取りを知って将来を考えよう

ここでみんなの誤解をみてみましょう

結婚相手の収入は絶対大事！理想は年収600万以上かな～
だね！ そのくらいの年収なら、私が仕事辞めても安心だし
だから私、保険くらいしかお金貯めてないもん
アハハ～
まずは自分の年収を知ることから！
年収?!

誤解 その1

年収600万円の
手取りはいくらか
知ってる？

誤解 その2

共働きの手取りは
夫1人の手取りより
お得なんです

誤解 その3

20代なら、
保険より貯金を！

昨年の年収を聞かれたらすぐに答えられる？　さらに、年収の手取り額は？　よく使う言葉なのに、実はぼんやりとしかわかっていない「年収」の真実を知って、将来のためのマネー計画を立てよう！

## 年収「600万円」のイメージと現実はまったく違います！

「クレジットカードを作るときに記入したり、婚活でも必ず話題になるのが年収ですよね。多くの独身女性が、相手の年収600万円以上を希望しているというけれど、20代後半～30代の独身男性で年収600万円以上の人は約5%と言われているんですよ」

実はかなり〝狭き門〟なのですが、夫の年収が600万円あるなら、仕事を辞めてもいいと思っている人は多そう。

「そうね。でも、そもそも年収って何か知っていますか？　〝年収〟は、1年間で会社からあなたのために支払われたお金の総額（通勤費を除く）。残業代も含まれます。でも、その全額が実際に使えるお金ではないというのがポイント」

**1年間の総支給額＝年収は、いわば額面上の金額。**実際にもらっているお金は、そこから税金、社会保険料などを引いた「手取り」というわけ。

「年収って、絵に描いた餅なのです。年収600万円だと手取りは約464万円。しかも、この**手取り額はどこにも載っていないから、自分で計算するしかないの。**貯蓄計画も手取りを元に考えて」

# 源泉徴収票の読み解き方

## チェックすべきPOINTは3つ!

令和 1 年分　**給与所得の源泉徴収票**

| | | | |
|---|---|---|---|
| 支払を受ける者 | 住所又は居所 | | (受給者番号) |
| | | | (役職名) |
| | | | 氏名 (フリガナ) |

| 種別 | ❶ 支払金額 | 給与所得控除後の金額 | 所得控除の額の合計額 | ❷ 源泉徴収税額 |
|---|---|---|---|---|
| 給料・賞与 | 内 4,150,000 円 | 2,780,000 円 | 1,089,477 円 | 内 86,200 円 |

| (源泉)控除対象配偶者の有無等 | | | 配偶者(特別)控除の額 | 控除対象扶養親族の数(配偶者を除く。) | | | | | | 16歳未満扶養親族の数 | 障害者の数(本人を除く。) | | 非居住者である親族の数 |
|---|---|---|---|---|---|---|---|---|---|---|---|---|---|
| 有 | 従有 | 老人 | | 特定 | | 老人 | | その他 | | | 特別 | その他 | |
| | | | 円 | 人 | 従 人 | 内 人 | 従 人 | 人 | 従 人 | 人 | 内 人 | 人 | 人 |

| ❸ 社会保険料等の金額 | 生命保険料の控除額 | 地震保険料の控除額 | 住宅借入金等特別控除の額 |
|---|---|---|---|
| 内 0 円 599,477 | 100,000 円 | 10,000 円 | 0 円 |

(摘要)

### POINT ❶「額面」の年収のこと

支払金額は、ズバリ年収のこと。あくまでも額面の数字で実際の手取りではないということに注意。

### POINT ❷ いわゆる「所得税」

源泉徴収税額とは、年末調整で戻ってきた分も含めた１年間の所得税の合計額のこと。

### POINT ❸ 意外と高いんです

健康保険料、厚生年金保険料などを合わせた１年間の総額。税金よりもこちらの負担のほうが大きい。

### そもそも…… 源泉徴収票って何?

毎年、年初に会社からもらう源泉徴収票には、あなたの年収、所得税と社会保険料の総額が載っています。会社が徴収した所得税額を税務署に報告するためのものですが、確定申告をしたり、住宅ローンを組むときなどには、収入証明書として必要に。

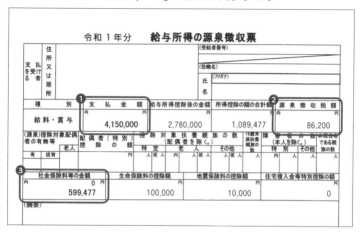

## 手取りの出し方［年収］

| 額面の年収 | − | 所得税<br>社会保険料<br>住民税 | ＝ | 手取り |
|---|---|---|---|---|

※住民税は「住民税決定通知書」を参照。または
ある月の給与明細にある住民税を12倍する。

額面「415万円」の人は
ホントは1年でいくらもらっている？

**なんと87万円も引かれているんです！**

| 415万円（額面） | − | 9万円＋60万円＋18万円<br>（所得税）（社会保険料）（住民税） | ＝ | 328万円（手取り） |
|---|---|---|---|---|

う〜ん。年収600万円でも
手取りは464万円かぁ。
意外と少ないのね……

- 年収＝絵に描いた餅と心得て
- 手取り額は、自分で計算するしかない！
- 貯蓄計画のベースになるのは手取り額

### 会社員の「手取り年収」早見表

（扶養家族がいない人の場合）

| 年収 | ➡ | 手取り |
|---|---|---|
| 300万円 | ➡ | 241万円 |
| 400万円 | ➡ | 318万円 |
| 500万円 | ➡ | 391万円 |
| 600万円 | ➡ | 464万円 |
| 700万円 | ➡ | 532万円 |
| 800万円 | ➡ | 596万円 |

※ 介護保険料のかからない40歳未満の会社員の場合。2019年の税制と社会保険料をもとに、健康保険は協会けんぽで保険料率は便宜上10%、生命保険料控除は10万円として試算。

COLUMN 1

これも知りたい！

# 年末調整

## 毎年あるのに、実はわかってない!?

書類を配られると「あ、またこの時期ね」なんて思い出すのが年末調整。
お金が戻ってくるからうれしいけれど、これって何のお金だっけ？
会社まかせじゃなく、ちゃんと知っておきたい！

毎年、11月に書類を提出して12～1月に所得税が戻ってくる「年末調整」。会社員にとっては大切なことなのですが、実は、よくわかっていない人も多いのでは？

年末調整とは、１年のあいだにお給料から引かれた税金の過不足を調整すること。毎月のお給料やボーナスから、所得税が源泉徴収で引かれていますが、それは、〝だいたいの金額〟。実際には、１年間の所得金額がわかってからでないと税額も確定できません。なので、１年の終わりの12月に差額を調整するというわけです。

お給料から差し引かれていた所得税は、生命保険などの保険料控除、住宅ローン控除などが考慮されていないので、多めに払っているケースが多く、その多めに払った分が還付金として戻ってくるのです。

思いがけずボーナスのおまけがもらえたみたいで、うれしいものですよね。ただ、２０２０年には税制の改正によって扶養親族などの要件が変わるため、書類が複雑になります。

さて、戻ってきたお金をどうするか？お小遣いにしてもいいのですが、少しは貯金にまわしましょう。もし、ｉＤｅＣｏをやっていたら還付金が多いはず。その分はちゃんと貯金しないと、ｉＤｅＣｏで節税した意味がなくなってしまいますよ。

## 1年分の税金を12月に調整

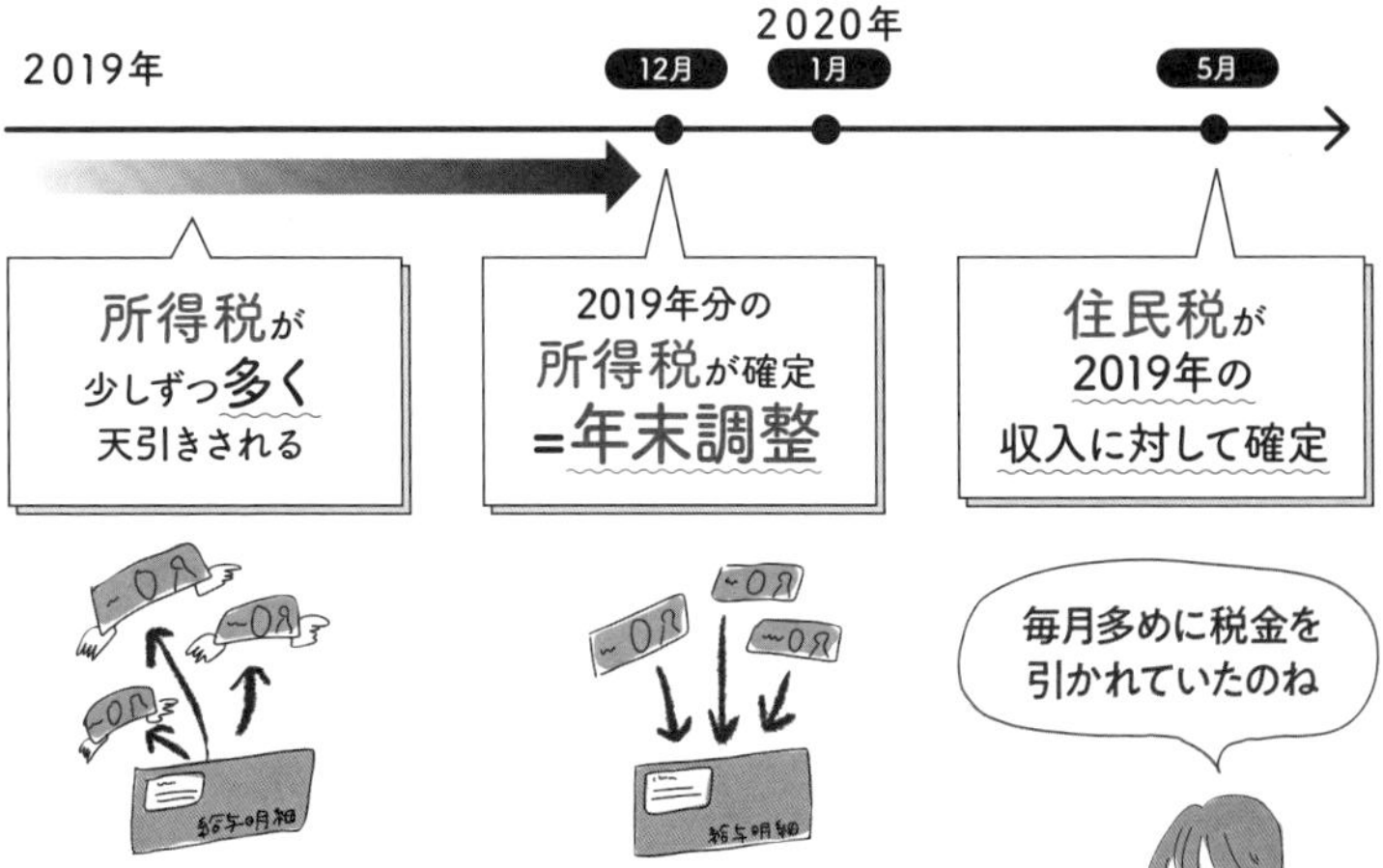

2019年
2020年

住民税が2019年の収入に対して確定
給与明細
給与明細

毎月多めに税金を引かれていたのね

### 「年末調整」のまとめ

1 所得税の過不足額を調整するもの

2 保険料控除などを申告できる

3 還付金はできるだけ貯金しよう

1月
5月
所得税が少しずつ多く天引きされる
2019年分の所得税が確定

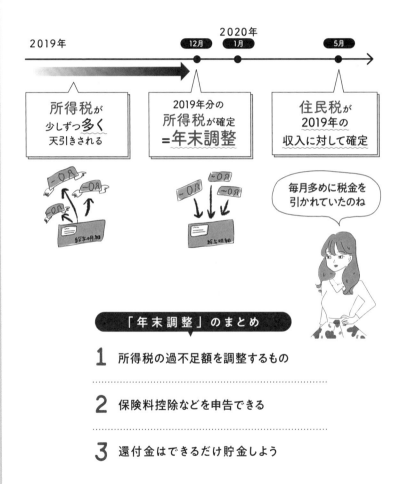

COLUMN 2

これも知りたい!

# 休眠預金

## 2019年1月から始まっています!

長い期間、取引がまったくない銀行口座は「休眠口座」になるのだとか。
それって、私たちのお金が没収されちゃうってこと?
どうすればいいのかお教えします!

2009年以降の最後の取引から10年以上取引のない、残高1万円未満の口座のお金は「休眠預金」とみなされます。残高が1万円以上あれば銀行から通知状が送られてきますが、転居先不明で通知状が届かない場合も休眠預金になります。

残高照会や通帳記入だけでも「取引」になるのでしょうか? その判断は金融機関ごとに違っていて、大手銀行でも対応が分かれているのが現状。確認するしかありません。

ただ、**たとえ休眠預金になっても、もともと預金していた金融機関の窓口でいつでも引き出すことができます**。この機会に、忘れていた銀行口座がないかチェックしてみましょう。たとえば、高校時代にアルバイト代を貯めていたなんていう口座はありませんか?

解約手続きをするには、支店の窓口に出向く必要があります。**預金残高によっては手間に見合わない可能性も**。休眠預金は銀行とは別の機関に移されて、そこから若者支援、貧困対策といった民間公益活動に使われるので、少額ならば寄付するというのもありかもしれませんよ。

## （ あなたもあるかも?「休眠預金」 ）

2009年1月1日以降の
最後の取引から10年以上たっている預貯金

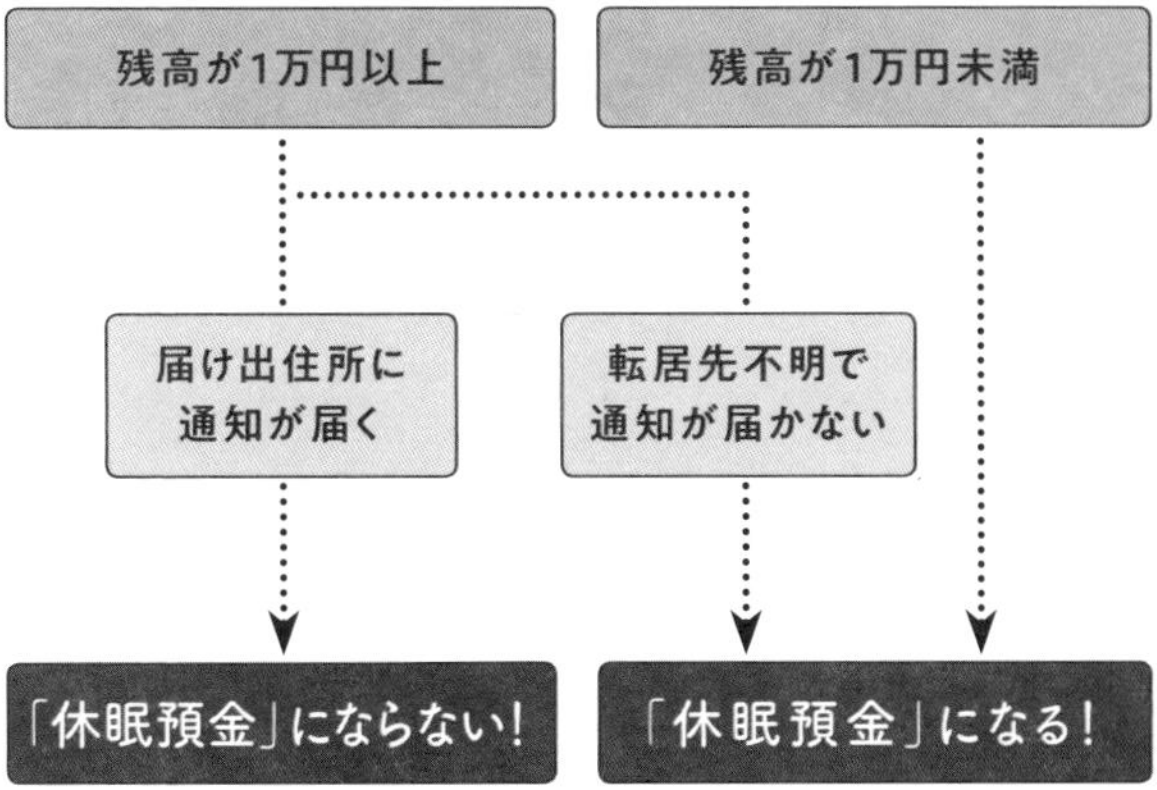


## （ 忘れているだけかも? チェックリスト ）

- ☑ 学生時代などアルバイトで
  口座を作ったことがある
- ☑ いまは名前の変わった（合併前の）
  銀行名の通帳がある
- ☑ 10年くらい何もしていない口座がある
- ☑ 郵便貯金でほったらかし口座がある
- ☑ 通帳やカードを紛失している

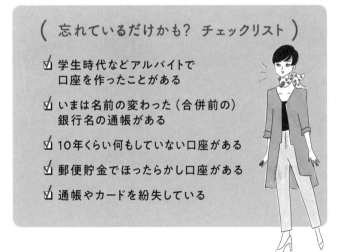

## 休眠預金を取り戻そう！

1 窓口に行く前にまずはコールセンターに電話を！

2 銀行に持っていくものはこれだけ
・通帳（支店名や口座番号がわかるもの）
・届出印
・本人と確認できる書類（運転免許証など）

3 銀行名が変わっていても、経営破綻で今はない銀行でも受け皿となった現在の銀行で対応してもらえます（全国銀行協会のサイト／https://www.zenginkyo.or.jp）

4 郵政民営化（2007年10月）以降の郵便貯金も他の銀行と同じで払い戻しはできます

5 少額だし手続きが面倒だし、取り戻さなくてもいい……という場合は、そのままにしてもOK（寄付となる）

PART.2

# 一生、お金に困らないためには？

―お金の貯め方にはコツがある―

# 「お金を貯めたいけどお金がない問題」

深田×セッチー対談

**セッチー** 私、将来のためにお金を貯めたくて、けっこう節約をがんばっているんですけど、収入が低いから思うように貯金できなくて……。どうしたらいいですか？

**深田** 将来のために貯金が大事とわかっているだけで、すごく立派！ 大丈夫、貯金の仕組みさえ作っておけば、これ以上がんばらなくてもお金を貯められますよ。

**セッチー** 貯金の仕組み？

**深田** そう、考え方を変えてみましょう。いま、セッチーさんはコツコツ節約をして貯金にまわすお金を捻出しているのよね。

**セッチー** はい。ランチは自分で作ったお弁当だし、服やコスメも衝動買いしないように、よく考えてから買うようにしてます。

# “あるある”カン違い

**30歳になってから貯めればいい?**

⬇

**20代こそ黄金の貯め期!**

**お金を貯めたいけど気づいたらなくなってる**

⬇

**自動的に貯まる仕組みを作りましょう**

**お給料が安いから貯金はムリ**

⬇

**20代から始めれば1000万も夢じゃない**

**深田**　えらい！　でも、これ以上節約をがんばるのは苦しいんじゃない？

**セッチー**　そうですね。ちょっと無理かも……。

**深田**　1ヵ月生活して余ったお金を貯金しようとするから苦しいの。初めから貯金分を別のところに移しておいて、〝ないもの〟として生活すればいいのよ。

**セッチー**　別のところ？　口座を分けるってことですか？

**深田**　その通り。積立貯蓄の専用口座を作るんです。会社に「財形貯蓄」の制度がある人は、それを活用するとお給料から天引きで貯蓄できるし、財形がない人は、お給料が振り込まれるメイン口座と同じ銀行で「自動積立定期預金」を申し込めばOK。具体的な手順や金額の決め方はあとで説明するわね（P46〜49を参照）。

**セッチー**　なるほど。会社の財形貯蓄か、銀行の自動積立定期預金ですね。

**深田**　そうやって強制的に毎月貯金できるようにしておけば、残ったお金は使い切ってもいいの。たとえば月3万円貯金するにしても、

（A）その3万円を捻出できるかどうかドキドキしながら生活するのと、

（B）お給料から3万円が自動的に貯金されて、残りのお金を自由に使

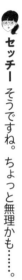

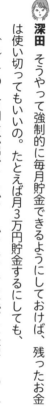

って生活するのとでは、どちらがいいと思う？

**セッチー**　（B）のほうが気楽ですよね。

**深田**　でしょう？　それに（B）の方法なら、貯金が確実にできる。積立金額は、独身のうちはちょっとがんばって高めに設定してもいいと思うわ。人生には〝貯《た》め期《き》〟があって、独身時代は最初の貯め期だから。

**セッチー**　結婚したら貯められないんでしょうか？

**深田**　結婚するときは費用がかかるから、一時的に貯蓄が減ってしまいます。そして子どもがいないうちは夫婦2人で貯められるけれど、産休・育休に入ると収入が減るから、貯金もペースダウン。独身時代に貯めておくことが大切だとわかるでしょう？（P53グラフ参照）

**セッチー**　たしかに！

**深田**　「もっと収入アップしたら貯金しよう」という声をよく聞くけれど、それじゃいつまでたっても貯められません。毎月の積立は少額でも時間をかければ大きな金額になります。ひと月でもはやく積立で貯める仕組みを作りましょう。

## 自分の〝お金グセ〟を知って無理なく貯めよう

# あなたはどんなお金消費タイプ？

### お金の習慣って、実はすごく個人差があるんです

「お金の習慣は、生まれ持った性格とは違って、意外とすんなり変えられるものなんです」

とにかくお金を使いすぎていたり、欲しいものをがまんしているのに思わぬところで出費がかさんでいたり、お金を使うことに慎重すぎたりと、自分では気づきにくい〝消費のクセ〟は誰にでもあります。

まずは自分の消費タイプを知ったうえで、貯金の仕組みを作り、習慣を変えていきましょう。

次ページからのチェックリストで、当てはまる項目にチェックを入れてみましょう。もっともチェックの多かったタイプがあなたの消費の傾向を表しています。といっても、必ずしも5タイプのどれかにぴったり当てはまるとはかぎらないので、チェックの数が同じくらいついたら、2～3ヵ所のアドバイスを参考にして。

「お金の使い方についてのアドバイスはみんなに共通というわけではないから、自分の傾向を知っておくことも必要。でも、貯めるための仕組みはみんな同じやり方でＯＫ！」

超使いすぎなのに
自覚がない

## 使いすぎ
# バブ美
## タイプ

“金は天下の回りもの”。自分のお金は好きなように使うのが当たり前と思っているあなたは、不景気知らずのバブ美タイプ。おしゃれで流行に敏感、気前がよく交友関係も広いので、お金はいくらあっても足りない。でも、このままいったら……将来は大丈夫？

ここに一番多くチェックがついた人は……

### CHECK LIST

- ❑ 給料は毎月ほとんど残らない
- ❑ クレジットカードを３枚以上持っている
- ❑ 財布はレシートやポイントカードでいつもパンパン
- ❑ ほしいものを見つけたら、直感に従って即買い！
- ❑ 20代のうちは、貯蓄よりも自分磨きに投資したい
- ❑ 友だちや後輩にプレゼントするのが好き
- ❑ 服やバッグはフリマアプリで売るから無駄遣いじゃない
- ❑ 冷蔵庫に賞味期限切れの調味料がいくつも入っている
- ❑ 楽しい飲み会は、終電を逃しても最後まで参加
- ❑ 習い事やジム通いが1年も続かない

チェックした数 ☐ 個

深田's Advice

### 今こそ貯めるチャンスです！

独身のうちは何の制約もなくお金が自由になり、お給料を全部使ったとしても誰にも咎められません。裏を返せばそれは、自分のために貯金ができるということでもあります。当面は貯蓄がないことで困ることはないかもしれないけれど、30代になって貯める習慣そのものがないというのはマズい。お金が貯まると人生の選択肢がぐっと広がります。貯蓄を辛いことと思わずに、自分の将来のためと前向きにとらえて、20代のうちに貯める習慣づけを。

コツコツ節約&
貯蓄が命の

# 何がなんでも貯蓄の セッチー タイプ

無駄遣いは絶対にしたくない! と鼻息荒いがんばり屋さん。旅行やファッションなどお金のかかりそうなことにあまり関心がない? ……浪費を恐れるあまり行動範囲も狭くなりがち。貯蓄できるのは素晴らしいけれど、お金を使うことの価値も知っておきたい。

ここに一番多くチェックがついた人は……

CHECK LIST

- ❑ 目標額を決めて毎月貯金している
- ❑ クレジットカードより現金主義
- ❑ いつも、コスパがいいかどうかで物を選ぶ
- ❑ 大きな買い物をすると罪悪感にさいなまれてしまう
- ❑ 家計簿をつけている
- ❑ 相手はいないけど、結婚資金はすでに貯まっている
- ❑ 気づけば、もう何年も同じメイクで出勤している
- ❑ 休日は家でのんびり過ごすことが多い
- ❑ 流行に踊らされている子たちをちょっと軽蔑しちゃう
- ❑「今から会おうよ!」という急な誘いが苦手

チェックした数 □ 個

深田's Advice

## 貯め上手=使い上手と心得て

少しでも節約して貯蓄しようという意識があるのは立派! でも、〝貯めること〟自体が目的になっていませんか? 貯蓄はもちろん大切だけれど、だからといって人生の楽しみをすべてがまんして貯金に回すべし、とは思いません。本当の貯蓄上手さんは、お金の使い方も上手な人。ほしいものややりたいことに対して罪悪感を抱かずに、ときにはおおらかにお金を使えるようになりましょう。出会いやモチベーションアップのためには、交際費も削りすぎないで。

経済力あるけど
リスク高め？

# 余裕ありすぎな バリ姉さん タイプ

社会人になってはや７年。時間とお金を上手に使えて、仕事のストレスもコントロールできてるオトナ女子。経済ニュースや新しい情報をチェックするのも大好き。すでに株と投資信託は始めているけど、仮想通貨やFXも気になる……のはちょっと前のめりすぎ？

ここに一番多くチェックがついた人は……

CHECK LIST

- ❑ かなり前から投資をしている
- ❑ 財布はすっきりスリム
- ❑ すでに600万円以上貯まっている
- ❑ 寄附やふるさと納税など、いろいろな制度に興味あり
- ❑ 服は定番のブランドをリピートするほう
- ❑ 意外と料理が得意で、ふだんは自炊派
- ❑ 毎日ニュースを見ては世の中に腹を立てている
- ❑ マンションを買うべきか、もう何年も迷っている
- ❑ 後輩の仕事ぶりを注意したくても、ぐっと飲み込む
- ❑ 実は大人数でわいわい騒ぐのが苦手

チェックした数 □ 個

深田's Advice

## 地に足のついた貯蓄プランを

好奇心が強くて、経済ニュースもチェックしているのは素晴らしい。きっと月々の収支を把握できているし、すでにお金が貯まってきているから自信もついたのでは？　ただし、投資につぎ込みすぎるのは考えもの。もし、いざ大金が必要なときに株が暴落していたら？　投資にはそういうリスクが伴うことを忘れないで。すぐにおろせる現金を200万円ほどは確保しておきましょう。ましてや、FXや仮想通貨はリスクが大きすぎるのでお勧めしません。

お金に疎く
トンチンカンな

## いきあたりばったり ユメ子タイプ

浪費しているというほどじゃないけど、お給料は毎月ほとんど残らない。服やコスメを買って、友だちと遊ぶのにお金を使うのは当たり前だし、節約なんて無理！「ま、そんなもんでしょ」と呑気にかまえていて、お金についてじっくり考えたことはない……。

ここに一番多くチェックがついた人は……

CHECK LIST

- ❑ 持っている口座は、給料が振り込まれる普通口座だけ
- ❑ 便利でスマートだから、なんでも電子マネーで支払い
- ❑ 今、財布にいくら入っているか分からない
- ❑ みんなも貯蓄なんてしてないはず、と思っている
- ❑ ニュースは芸能ゴシップ以外興味なし！
- ❑ デートや合コンの食事代は男性が払うのが当たり前
- ❑ SNSのために、いつもランチはおしゃれカフェで
- ❑ そういえば、お金がなくて困った経験はない
- ❑ 今の仕事にはイマイチやりがいを感じない

チェックした数 □ 個

深田's Advice

### 合い言葉は「脱！ 会社の奴隷」

今の日々が楽しいのはいいこと。でも、そろそろこれからのことを考えてみましょう。たとえば、仕事に満足していないなら、転職も視野に入ってくるはず。そのとき貯蓄がまったくないと、会社を辞めたいと思っても当面の生活費がなくて辞められないという事態に。このままでは〝会社の奴隷〟になってしまいます。転職するにも結婚するにも、何か新しいことをするにはどうしてもお金が必要。まずは30万円、次に50万円を目標に貯金を始めましょう。

将来が不安で
フリーズしてる

# 取り越し苦労な
# 心配ちゃん
# タイプ

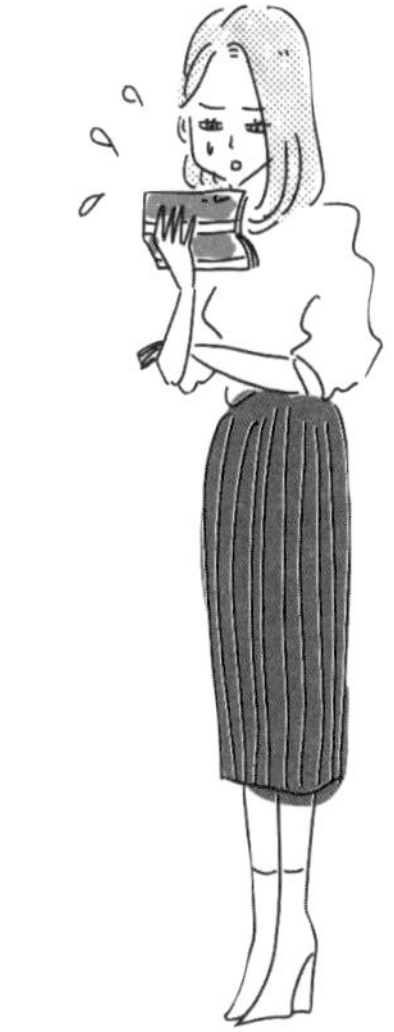

なにしろ老後のお金が心配。節約意識はあるのに、なぜか貯まらず、通帳を開いてはため息ばかり……。何をしていても100%楽しめないのは、お金の不安が頭から離れないから？　勧められるままに加入した保険のことも実はよく分かってなかったりして。

ここに一番多くチェックがついた人は……

CHECK LIST

- ❑ 毎月少ししか貯蓄できず、焦っている
- ❑ 財布に5万円以上入っていないと不安
- ❑ 老後資金はいくらあっても足りない気がする
- ❑ ほしいものを買う決断がなかなかできない
- ❑ 生命保険や医療保険に2つ以上入っている
- ❑ 占いを信じるほう
- ❑ 化粧品などの試供品をため込んでいる
- ❑ 夫（or彼）の気前がよすぎるのがむしろ不安
- ❑ 日記をつけている
- ❑ 友だちづきあいは「広く浅く」よりも「狭く深く」

チェックした数　□　個

深田's Advice

## 老後は明日にはやってこない

老後という漠然としたキーワードにとらわれすぎているのでは？　30〜40年後のことよりも、数年先のことを考えてみて。今は、出産、育児などのライフイベントや、想定外の出費に備えることが最優先。使いたいときに使える貯蓄が不可欠です。老後にもらえるタイプの保険は60歳前に解約すると元本割れになってしまうので、要注意。いま始めるべきは保険よりも積立預金。お金がある程度貯まってくると、心理的に老後の不安は減ってくるはずです。

# 将来のために貯金したい！ でも……
# お金ってどうやって貯めればいいの？

## STEP 1 自分が使っているお金の内訳を知ろう

このピラミッドは、あなたの手取り月収。まず、家賃、食費、水道・光熱費、通信費といった毎月必ず出ていく「生活費」を合計して、一番下の枠に書き込みます。次に「手取り月収－生活費」を計算して、残った金額を「貯蓄」と「使えるお金」に振り分けたら、毎月の貯蓄計画は完了！ 「勤務先の財形貯蓄や銀行の自動積立預金などで積立を始めましょう。そうすれば、残りの金額は使い切ってしまっていいのです」

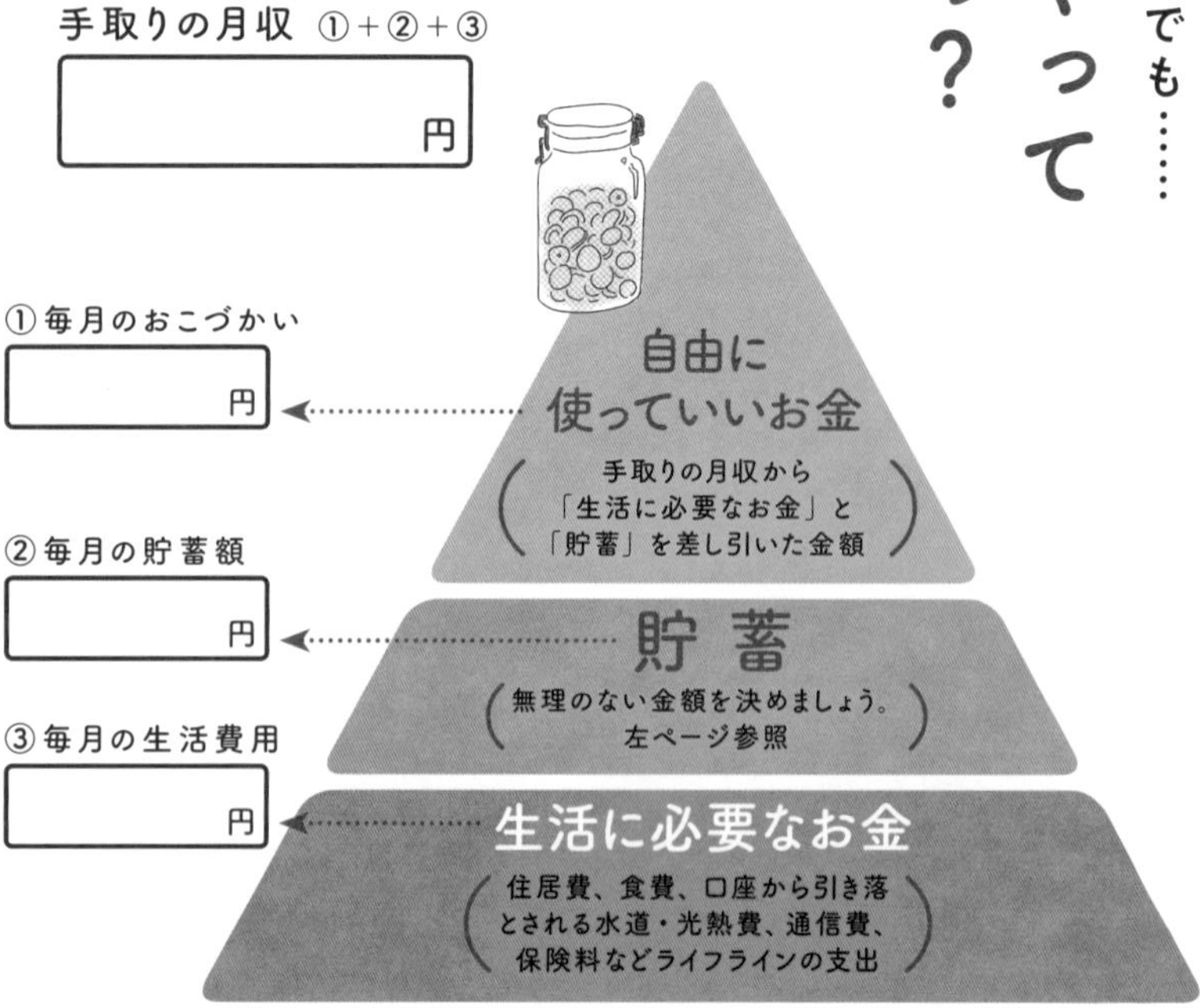

STEP

## 2 毎月、無理なく可能な貯蓄額を決めよう

STEP1のピラミッドで、中段の貯蓄額をいくらにすればいいのか悩んでしまう人は、月収ごとに毎月の貯金額の目安を示した下の表を参考に。
「ひとり暮らしの場合は家賃の負担があるので、やや少なめでもかまいません。逆に、実家暮らしの人は貯めどきなので、貯金額を多めに設定して頑張ってみては。いずれにしても、すぐ挫折しないように無理のない金額を積立することが大切です」

**毎月の貯金額の目安（シングル女性の場合）**

| 手取り月収 | ひとり暮らしの人 | 実家暮らしの人 |
|---|---|---|
| 10万円未満 | 貯蓄しなくてもよい | 2万円未満 |
| 10万～15万円未満 | 1万～2万円 | 2万～5万円 |
| 15万～20万円未満 | 2万～3万円 | 5万～8万円 |
| 20万～25万円未満 | 3万～6万円 | 8万～11万円 |
| 25万円以上 | 6万円以上 | 11万円以上 |

STEP

## 3 1年後に貯まる金額を試算しよう

月々の支出を考えると、どうしても貯蓄分を少なくしたくなってしまうかも……？「下の表のように月3万円ペースなら、2年以内に100万円が貯まります。でも月1万円だったら、100万円貯まるのは3年以上先。ずいぶん差がありますよね。実際に100万円貯まると達成感があり、続けるモチベーションにもなるので、まずはそこを基準に考えてみるのもいいと思います」

2年たてば100万円超え!!

**例）毎月3万円、ボーナス時に10万円を貯めた場合の累計**

| 4月 | 5月 | 6月 | ボーナス | 7月 | 8月 | 9月 | 10月 | 11月 | 12月 | ボーナス | 1月 | 2月 | 3月 |
|---|---|---|---|---|---|---|---|---|---|---|---|---|---|
| 3万円 | 6万円 | 9万円 | 19万円 | 22万円 | 25万円 | 28万円 | 31万円 | 34万円 | 37万円 | 47万円 | 50万円 | 53万円 | 56万円 |

## ムリなくできる範囲で大丈夫！

# 自動的にお金が「貯まるシステム」を作ろう

### 銀行口座をうまく活用すれば簡単に貯められます！

いよいよ、お金の貯め方の実践編！

「まず、会社に財形の制度がある人は、財形貯蓄がおすすめ。給与からあらかじめ一定額が天引きされます。勤め先に財形がない場合は、給与振り込み口座と同じ銀行で、自動積立定期預金を申し込みましょう。毎月、メイン口座から積立口座へお金が自動的に移されるので、メイン口座に残ったお金だけで生活します」

どちらも、いったん仕組みを作ってしまえば放っておいてもコツコツ積立ができるというのがポイント。

次にサブ口座を作ります。財形や自動積立が長期にわたる貯蓄なら、短期的にお金をキープするのがサブ口座。

「ここにはボーナスの中から、旅行代や、セールのときにまとめて洋服を買う資金など、数カ月～半年先に使う目的のあるお金を貯めておきます。メイン口座にあると月々のお給料に紛れてなんとなく使ってしまうので、サブ口座に一時的に避難させるようなイメージですね」

サブ口座へお金を移すのは、ボーナスが出たら自分でその都度やること。同銀行の貯蓄預金口座なら、ＡＴＭやネットバンキングで簡単に振り替えできて、手数料もかかりません。

# 自分のお金の流れを「見える化」

出したり入れたりする
日常使いの口座

**メイン口座**
〈 音羽銀行 A支店 〉
（総合）口座

給与振り込み口座をメイン口座に。生活費や家賃、光熱費、おこづかいはここから引き出す。

自動積立 →

絶対手をつけてはいけない

**貯金用口座**
〈 音羽銀行 A支店 〉
自動積立定期預金など

メイン口座と同じ銀行で、毎月一定額を積立てられる自動積立定期預金を申し込む。

↕

**振替**を活用する
（手数料無料）

同一銀行、同一名義の口座間でお金を移す「振替」はATMで操作でき、手数料も無料。

一時的にストック
するための口座

**サブ口座**
〈 音羽銀行 どこの支店でもOK 〉
貯蓄預金口座

積立預金とは別に一時的にお金を置いておく場所。メインと同銀行で貯蓄預金口座を作る。

- ☑ 給料はメイン口座へ
- ☑ ボーナスはすぐにサブ口座へ移す

みんな誘惑には弱いから……

# 〝余ったら貯金〟では絶対に貯まりません

## 貯める習慣をつけておけば、一生困らない!

「使い上手の貯め上手」になるには、銀行口座をうまく活用して貯める仕組みを作っておくことが必須だと勉強しました。これならすぐに実践できそう! と希望の光が見えてきましたが、サブ口座に入れておくボーナスが出ない人はどうすれば?

「その場合は、毎月のお給料から2～3万円ずつサブ口座に移しておいて、まとまった出費や楽しみのための一時貯金にしましょう。これはいわば、マイ・ボーナス。半年で十数万円貯まれば、ちょっと大きな買い物や旅行もできますよね」

もっと貯金しようと思いつつ、なかなかできていなかったセッチータイプの人も、今までお給料はぜんぶ使っていたバブ美タイプの人も、これで貯金が習慣になるはず。

「年代や収入を問わず、〝余ったお金を貯金にまわす〟というやり方で十分に貯蓄できている人はほとんどいません。20代や30代のうちに貯める習慣をつけておけば、それが自信にもなり、これから一生お金とうまく付き合っていけますよ」

## お金が貯まる人の「あるある」習慣

1. ちょこちょこお金をおろさない
2. ボーナスで月々の赤字を補てんしない
3. 去年1年間で貯めた額を知っている
4. 財形や積立をする
5. 親からのお金アドバイスは聞き流す
6. 残ったら貯めればいい、は絶対×!
7. お金を使う目標、目的がある

上に挙げた7ヵ条は、〝貯め体質〟になるために大切なこと。たとえば1。「メイン口座から現金をおろすのは月末など月に1回だけと決めて。なくなる度にちょこちょこおろしていると、ひと月に何回おろしていくら使ったのかがわからなくなってしまいます」。2～3も貯蓄の基本。自分がひと月に使うお金を把握しておくことは重要です。盲点は5。「30年前と今とでは、お金の常識が違います。貯蓄型保険や個人年金など、親の時代にいい商品とされてきたものが今もいい商品とはかぎりません」

# となりの子は貯めているかも？
# 貯蓄1000万女子は夢じゃない?!

## あれ？　意外と達成できそう？　少しでも早く始めるのが近道

「左ページのグラフを見て！　25歳の時点で貯蓄ゼロ。結婚と出産を経ても、40歳前後で1000万円の貯蓄ができることになります。こうしてみると、いけそうな気がするでしょう？」

仮に、前で提案した自動積立のシステムで年間約80万円を貯められるようにしておけば、単純計算で12〜13年で1000万円に達するというわけです。

「昇給や転職などで年収が変わることもありますが、やっぱり、**少しでも早く積立貯蓄を始めることで差が出ます。**いつかやろう、もう少し余裕ができたらやろうなんて思っているうちに、同期の子たちはもう何百万も貯めているかもしれませんよ。**月5万円が無理でも3〜4万円は頑張ってみましょう。実家暮らしで余裕がある人は、月6〜8万円に設定してもいいと思います**」

1000万という目標金額は、貯蓄を続けていくモチベーションにもなるはず。「年収1000万女子」になるのは難しいかもしれないけど、「貯蓄1000万女子」にはなれます。

目指せ！　憧れの貯蓄1000万女子！

# 年収400万円からの貯蓄法

25歳・
貯蓄0円から
スタート!

DATA

**未婚・実家住まい　メーカー勤務　年収415万円**

［手取り 328万円／月 20万円　ボーナス 88万円 ※25歳時点］

実家暮らしの場合、家賃や光熱費がかからないので月々の手取り20万円のうち５～８万円の積立が可能。ひとり暮らしの場合は頑張って月３万円は貯めていきたい。

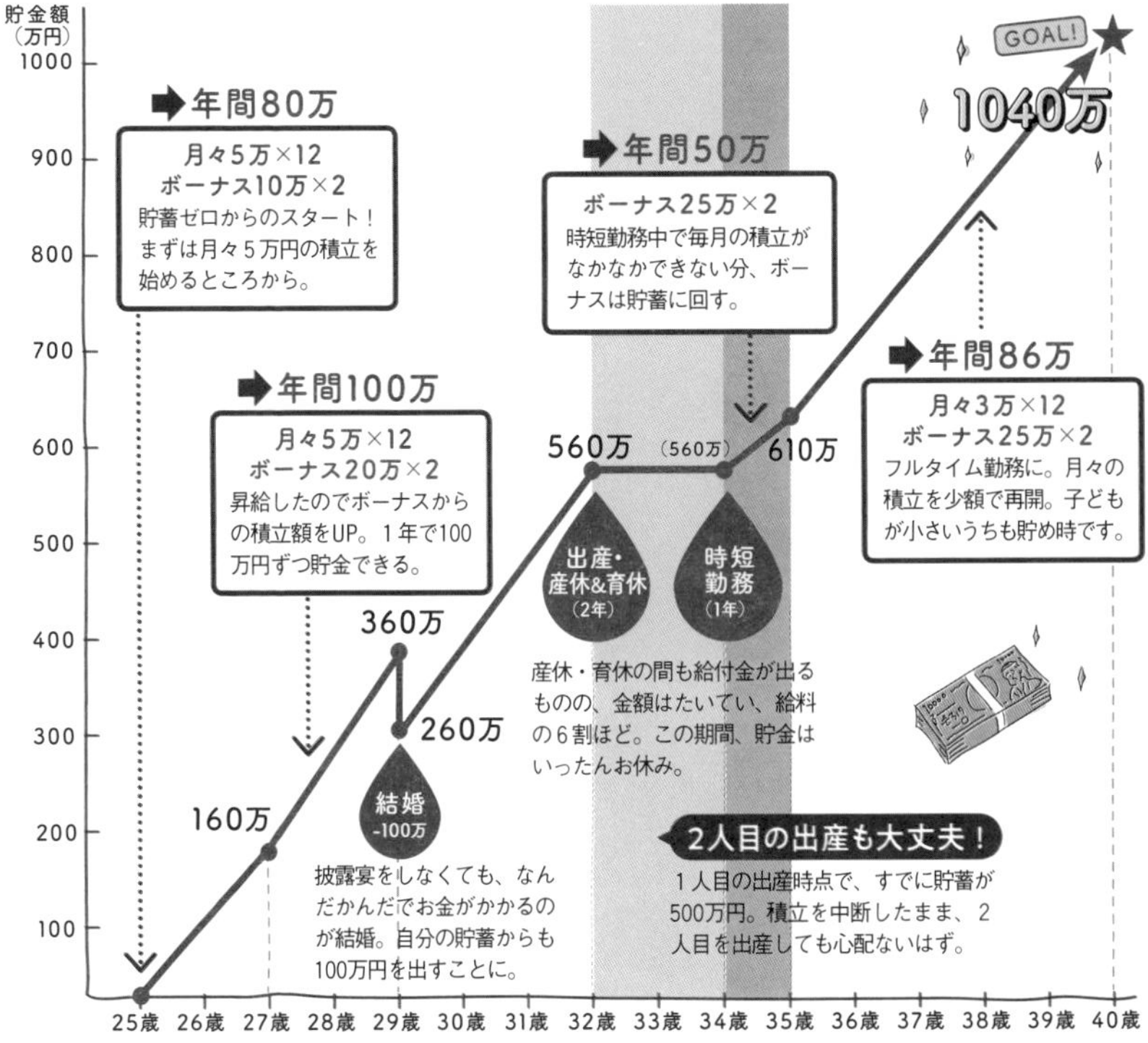
貯金額（万円）
1000
900
800
700
600
500
400
300
200
100
年間80万
月々5万×12
ボーナス10万×2
貯蓄ゼロからのスタート！まずは月々５万円の積立を始めるところから。
年間100万
月々5万×12
ボーナス20万×2
昇給したのでボーナスからの積立額をUP。１年で100万円ずつ貯金できる。
年間50万
ボーナス25万×2
時短勤務中で毎月の積立がなかなかできない分、ボーナスは貯蓄に回す。
年間86万
月々3万×12
ボーナス25万×2
フルタイム勤務に。月々の積立を少額で再開。子どもが小さいうちも貯め時です。
GOAL!
1040万
160万
360万
260万
560万
（560万）
610万
結婚 -100万
披露宴をしなくても、なんだかんだでお金がかかるのが結婚。自分の貯蓄からも100万円を出すことに。
出産・産休&育休（2年）
時短勤務（1年）
産休・育休の間も給付金が出るものの、金額はたいてい、給料の６割ほど。この期間、貯金はいったんお休み。
2人目の出産も大丈夫！
１人目の出産時点で、すでに貯蓄が500万円。積立を中断したまま、２人目を出産しても心配ないはず。
25歳
26歳
27歳
28歳
29歳
30歳
31歳
32歳
33歳
34歳
35歳
36歳
37歳
38歳
39歳
40歳

**25歳で始めれば40歳で1000万円超え!**

COLUMN 3

これも知りたい！

# ブラックリスト

## 実はなんのこと？

クレジットカードの支払いが滞ると「ブラックリスト」に載るって聞いたことある！
けど、それって本当に存在するの？
何に気をつければいいのか、知りたい！

ブラックリストってなんだか恐ろしいワードですよね。これは通称で、**本当にそういうリストがあるわけではない**んです。クレジットカードの支払いが3ヵ月以上滞った場合などに、信用情報機関に「事故情報」として登録されることを、いわゆる〝ブラックリストに載る〟と言います。さまざまな金融機関がこの信用情報機関のデータを見ることができるので、事故情報が登録されると、その人は**新たにクレジットカードを作れなくなったり、カードの更新ができなかったり、住宅ローンを組むことができなくなったりします。**この事故情報は5年間残ります。

カード以外に気をつけたいのは、携帯電話の代金（通信料ではなく、スマホなどの本体代が月々の料金に組み込まれている場合）や奨学金返済の延滞。引き落とし先を滅多に使わない口座に設定して、うっかり入金し忘れていた！ なんてこともないように注意しましょう。

ちなみに、カードのキャッシング利用限度額が多いと、実際にそれを使っていなくても「お金を借りるリスクがある人」と見なされるそうです。クレジットカードをたくさん持っていると利用限度額が多額になるので、2枚くらいにしておくのが正解。カード会社に電話をして、キャッシング利用枠をゼロにしてもらうこともできます。

自分の信用情報は誰も守ってくれません。**うっかり払い忘れただけでもアウトになります**から、くれぐれも気をつけて。

そもそも“ブラックリスト”とは……

「同じ引き落としを、**3ヵ月以上**または**61日以上延滞・滞納**したとき、**複数回、1ヵ月半以上の遅延**があったとき」“事故情報”となります。

例）奨学金の4月分の返済が6月の期日を過ぎても未入金だった、携帯電話料金の7月分の支払いが9月の返済日までに支払われなかった、など。

## 「ブラックリスト」のまとめ

1 “うっかり”の払い忘れも×

2 信用情報機関の「事故情報」は5年間消えない

3 クレジットカードだけでなく、携帯電話の代金や奨学金の返済にも注意

4 クレジットカードは2枚程度にしキャッシング枠はゼロに設定

➡ **自分の信用情報は自分で守るしかありません！**

• SPECIAL COLUMN 1 •

「貯まる女子」のススメ

# 貯蓄は大事だけれど……節約だけが人生じゃない！

ストレス解消は
好きなワインで家飲み。
安くても幸せ♡

お金を貯める＝節約って思い込んでいる人、けっこう多いのではないでしょうか。もちろんムダ遣いは貯蓄の敵。でも、がまんばかりしなくてもお金は貯められるんです。私は、みなさんにしっかり貯金してほしいけれど、とにかくがまんして１円でも多く貯めましょうとは言いません。

私自身も、がまんは苦手。だから、お金を使うところと使わないところでメリハリをつけています。大好きな旅行、文楽、狂言、落語鑑賞にはけっこう使うけれど、歌舞伎とゴルフは誘われても行きません。どちらもすごくお金がかかる趣味だと知っているから、安易に手を出さないようにしています（笑）。

フリーランスなので、毎年の収入にもばらつきがあります。売り上げが少ない年は海外旅行ではなく国内旅行にしたり、何か大きな出費があった月は、別のイベントをあきらめることも。当たり前のようですが、バランス感覚が大切だと思っています。

お金を使う／使わない。両方のバランスをとりながら、貯まる生活を続けましょう！

PART.3

# お金が貯まる人の秘密25

―お金が貯まる人＝お金をうまく使っている人―

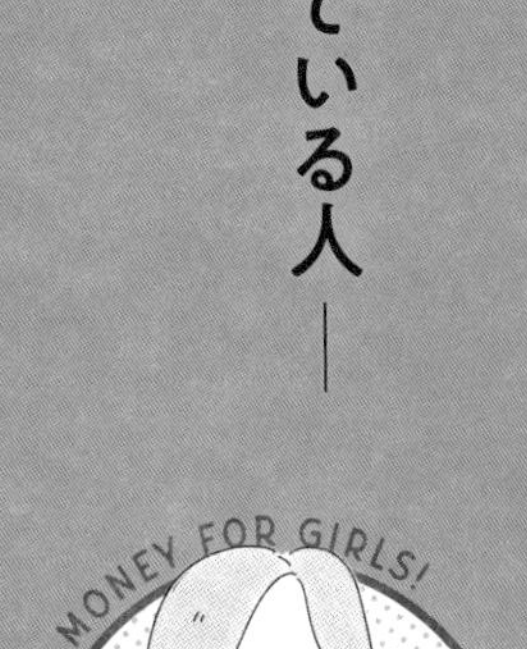

# 「お金って上手に使ってこそ貯まるのね」

深田×バブ美対談

**バブ美** 私、このままじゃマズいかも、と不安になってきたので、お金のことアドバイスしてください！

**深田** もちろん！　お金の習慣をあらためるタイミングはいつでもいいの。思い立ったときにすぐ始めましょう。

**バブ美** あれですよね、貯金の仕組みさえ作れば、私でも貯められるんですよね？

**深田** そうよ。口座を分けて自動的に積立貯蓄できるようにするという仕組みはみんな同じ。でもバブ美さんの場合は、お金の使い方を見直すことも必要かな。お給料、ぜんぶ使っちゃっているんでしょう？

**バブ美** は、はい……。

**深田** さすがに使いすぎです。今のところは貯金がなくても困ることがないから、つい使ってしまうのかもしれないけど、このままだといざ貯蓄しようと思ってもなかなか貯められない人になってしまう可能性も。〝貯めグセ〟がつくようにトレーニングしなくちゃね。

**バブ美** 「貯金しないとヤバいよ」って職場の先輩に言われたことはあるんですけど、なんだかその気になれなくて。お金って、そもそも何のために貯めるんでしょうか？

**深田** たしかに、目的がないとやる気になれないものよね。何のためかというと、一つには将来のため。転職、出産などで収入に変化があっても困らないように備えておくの。

**バブ美** そのほかにもあるんですか？

**深田** もう一つは、好きなことをするため。何かやりたいことが見つかったとき、貯金がなければ会社を辞めたくても身動きが取れないでしょう？お金を貯めておけば、やりたいことを諦めずに、自分の選択肢を増やせるの。

**バブ美** 選択肢か～。すぐにはパッと思い浮かばないけど、いざ新しいことに挑戦したいときに使えるお金とか、当面の生活費があると安心ってこ

とですね。

**深田** そのためにも、まずは日頃のお金の使い方を変えていきましょう。貯め上手な人って、お金の使い方も上手なのよ。

**バブ美** はいっ。どこから手をつければいいですか？

**深田** クレジットカードは何枚持ってる？

**バブ美** ……わかりません！　たぶん、4～5枚くらい。

**深田** じゃあ、よく使っている2枚だけ残して、ほかは解約しましょう。年会費だってばかにならないから。キャッシングはしていないわよね？

**バブ美** えっ、毎月のようにキャッシングしてます。ダメなんですか？

**深田** クレジットカードでのキャッシングは一見便利なようだけど、金利がものすごーく高い借金だと考えて。借りるのがクセになってしまうから軽い気持ちで利用してはダメ。リボ払いも、長い期間をかけて返すので、支払う利息がどんどん膨らむ仕組み。ものすごく損なのよ。

**バブ美** ひえっ、そうだったんだ！　みんなキャッシングって普通に利用してるんだと思ってました。もともとカードに付いている機能だし。ほかに、何をやめればいいですか？

**深田**　飲み会に参加してもタクシーを使わず電車で帰るとか、新しい洋服に飛びつく前に手持ちの服を活用するとか、いろいろあるわね。きっと、バブ美さん自身も、何にお金が消えていっているのかわからないんじゃないかしら。

**バブ美**　うーん、そういわれると、たしかにわかりません。

**深田**　面倒だと思うかもしれないけど、1ヵ月だけ家計簿をつけてみたらどう？　家計簿といっても、支出の内容と金額を書き出すだけでいいの。カードで払った分も忘れずにね。

**バブ美**　できるかなぁ。でも、がんばってみます！　あと、使ってないカードは解約します！

あなたが「貯まらない」理由、教えます

# マネー診断① ちゃんと貯金もできる人になりたい！

## 無自覚ムダ遣いタイプ A子さん

### 「素敵に暮らしたい！結婚したい！」

**35歳・会社員／未婚　ひとり暮らし**
**年収450万円　貯金ほぼゼロ**

人の誘いを断れない性格で、飲み代や合コン代などの交際費が意外とかかっている。婚活のための洋服代や美容代もバカにならず、毎月の赤字をボーナスで補てんしながら、リボ払いもやめられない。スコティッシュフォールド(猫)を飼うかどうか悩み中。

**カードがたっぷり入る、大きめ財布**

クレジットカードは気づいたら5枚持ち。よく行くヘアサロンや美容クリニック、デパートのポイントカードなどもたくさんあって、すべて持ち歩くにはこのサイズの財布でないと無理。現金もよく使うので、いつも財布はパンパン。

毎月、気がついたらお金がなくなっているんです

深「何にお金を使っているの？」

服とか美容代ですかね。ネットでもよく買います

深「それを減らすのはきっと難しいわよね」

飲み会とかの交際費もけっこうかかってます……

深「そうね、でも、やみくもに節約しなくても大丈夫」

え、本当ですか？

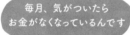

## 美容代や交際費以外の隠れた支出にも目を向けて

婚活中だというA子さん。洋服代や美容代、飲み会などの交際費にお金を使いすぎているかもしれないと反省。

「プチプラのコスメや洋服でも、しょっちゅう買うと、意外と大きな出費になります」

でも、まったく貯金ができていないのは、本当にそれだけが原因なのだろうか？

「気づいたらお金がなくなっているというタイプの人にありがちなのが、〝無自覚の支出〟が多いこと。たとえば、たくさんのクレジットカードを持っていることで、年会費を合計いくら支払っているか、計算してみたことはありますか？」

また、多くの女子に当てはまりそうなのが、〝ポイント好き〟なところ。ポイントがつこうがつくまいが出費は出費。ポイントを買い物の言い訳にしがちな人は要注意。

「私が今までコンサルティングしてきたなかで、お金をきちんと貯められている人は、決まってすっきりスリムな財布。ポイントカードでお財布がパンパンの貯め上手さんなんて見たことがありません！」

まずは、リボ払い＆ボーナスでの赤字補てんをやめるところから。自覚していなかったムダ遣い習慣を見つめなおせば、「貯まる」お金美人も夢じゃない。

# A子さんがお金が貯まる人になるには？

↓

↓

# 自覚していない「うっかりムダ遣い」を見直そう

## CHECK 1

### 「行けません」と言える女になる

出会いが広がる楽しい飲み会はできるだけ参加したい。でも、そこはきちんと自己管理できるのが大人女子。毎月参加する回数を決めて、それ以上は断ること。時々断ったくらいで気を悪くする人は友達とは違うはず。

## CHECK 2

### 「ポイントがつくから買う」のは本末転倒

ポイントが貯まるとうれしいもの。でも、それが目的で本来は買わなくてもいいものをつい買ってしまうとしたら、本末転倒です。ポイントは節約にあらず。「ポイントカードはいりません」と言えたら上級者です。

## CHECK 3

### リボ払いは借金です。絶対NG!

月々の支払いが少しで済むからと気軽にリボ払いしてはダメ！ 10万円の買い物で月々8000円ずつ返済すると、支払総額は約10万8000円。これは実質15％の利息を払う、ものすごく高金利の借金なのです。

## CHECK 4

### 「ペットを飼う＝お金がかかる」

猫を飼うのを検討中のA子さん。ペットにかかるコストはエサ代だけではないのです。外出時にもずっとエアコンをつけておいたり、旅行に行くときのシッター代、医療費などなど。現実的に試算したうえで判断を。

CHECK

5

## 払い続けている“定額○○”を確認

「スマホ代がやけに高い気がするけど、ま、こんなものかな」と放置しないで！　購入時から入りっぱなしの不要な定額アプリはありませんか？ iPhoneなら［設定］→［iTunes StoreとApp Store］で確認を。

CHECK

6

## カードの請求明細書は金額より「内容」

「今月は○万円か」と請求額だけ見てポイっとしていませんか？　肝心なのは、「何にいくら使ったか」。記憶の彼方に忘れていた買い物や、意外と支出が多かった費目など、請求明細は家計簿代わりにチェックしましょう。

CHECK

7

## “見栄張り支出”は身を滅ぼす

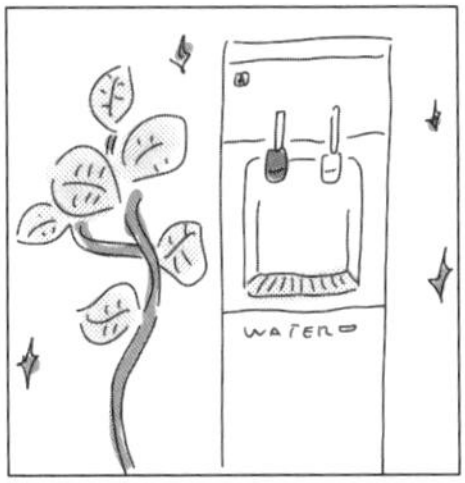


たとえば、セレブの家には必ずあるウォーターサーバー。ひとり暮らしの女子に必要かどうかは疑問。ドラッグストアでペットボトルの水を買うのではだめ？……そんな“気分”だけで続けている固定費こそ、ぜひ節約を！

深田's Advice

## 婚活費用・暮らしの費用・ぜいたく費用と分けて1ヵ月で使ったお金を整理してみましょう

無自覚ムダ遣いが多い人には、本当は家計簿をつけるのが効果的。でも大変でしょうから、１ヵ月の支出を３つくらいにカテゴライズして金額を書き出してみましょう。個別にはわずか500円でも、月に10回買えば5000円、１年続けると６万円、というふうに計算してみると、節約する意義が見出せるはず。手を動かして、ノートに書いてみてください。

お金を正しく使うには？

# マネー診断❷ 貯金も趣味もあきらめない！

## 予算感覚が欠けているタイプ B子さん

### 「仕事が忙しいからこそ“趣味”が心の支え！」

**27歳・会社員／未婚 実家暮らし**
**年収300万円　貯金50万円くらい**

仕事が激務で、日々の生きがいは山田涼介くん(Hey! Say! JUMP)。ライブやイベントは当選したらしただけ行く。家に帰る前にコンビニに寄ってしまうのがやめられない。ネットショッピングが大好きで、給料日前にお金が足りなくなりキャッシングすることも。

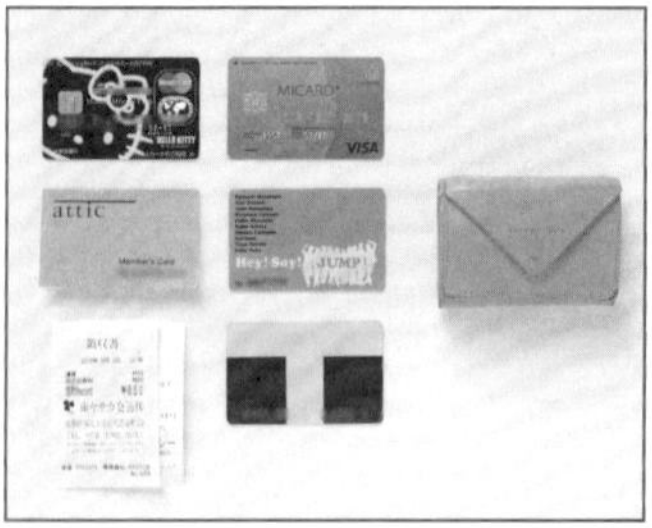


### お財布は小さめ、電子マネー多用派

クレジットカードは2枚を使い分け。最近はスマホ決済や交通系ICカードをよく使うので、現金を使う回数は減っているかも。タクシーに乗ったら一応領収書をもらってるけど、家計簿とかつけていないので、結局捨てている……。

好きなアイドルのためにお金を使ってます。でもそれはしょうがないかなあと……

**深**「そこはどうしても削れないってわけね」

オタ活を続けながら貯金もしたい。ワガママですかね？

**深**「いえいえ、B子さんに足りないのは『予算感覚』！」

予算?!　家計簿とか無理なんですけど……

**深**「家計簿も大事だけど（笑）、まずはオタ活とそれ以外の出費をチェックしましょう」

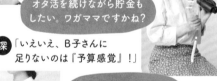

## 好きなことを続けるためにお金を貯めるのです！

「オタ活、いいじゃないですか！　本当に好きで生きがいになるような趣味があるって素敵なことです」

　B子さんの場合、大好きなオタ活を続けるために、今すべきことを考えてみよう。

「おそらく今は、実家暮らしで自由になるお金があるから、あるだけ使ってしまっている状態。でも、今と同じくらいの収入がこれからもずっと得られるとはかぎりません。とくに**女性は、出産などのタイミングで収入が変動することも見越しておかないと**」

　このままのお金習慣でいれば、収入が少しでも減ったらライブに行く費用が足りなくなってしまうかも？　とくに気になるのが、クレジットカードのキャッシングを利用しているという点。キャッシングは、クレジットカード会社が定めた限度額まで現金を引き出せるサービス。

「引き出したお金は、借金したお金。返済期間に応じて、とても高い利息を支払わなくてはならなくなります。安易に使ってはダメ！」

　足りなくなる度にキャッシングしてしまうB子さんに必要なのは、〝予算感覚〟。オタ活のように**予定が決まっている出費については、その分の予算を除いて、残った金額で生活する習慣を**身につけよう。

# B子さんがお金が貯まる人になるには?

## お金を使う前の「予算感覚」を身につけよう

CHECK

### 1

### コンビニでのちょこっと買いの落とし穴

コンビニのものって、デザートひとつ取ってもスーパーなどと比べると安くありません。改めて月にいくら使ったかを直視してみましょう。電子マネーで支払うことで、余計に出費を実感できなくなっている可能性も。

CHECK

### 2

### タクシー利用は高収入女子になってから

これは、自分でも「贅沢しちゃってる……」と薄々気づいているのでは? 忙しいから、疲れているからとタクシーを頻繁に使うのは、よほどの高収入女子だけと心得て。やめれば節約効果もそれなりに大きいです。

CHECK

### 3

### 「20代・未婚・実家」に生命保険はいらない

生命保険は子どもが産まれるまでは不要です。もし入るなら、ある程度貯蓄ができるまでのつなぎとして医療保険に。すでに不要な保険に加入している場合も、せっかく入ったからもったいないと思わず、解約してOK。

CHECK

### 4

### "ビニール傘とカフェラテ"。チリツモ出費に要注意

「ラテマネー」なんて言葉もあるくらい、チリツモ出費の代表ともいえるコーヒー系と、その時だけの必要に迫られて買うビニ傘。どちらも簡単に節約できるはず。マネー美人は折り畳み傘を持っている。これ真実です!

CHECK

# 5

## “お金の出口”は多すぎないほうがいい

現金、クレジットカード、電子マネー、スマホ決済など支払い方法が多様化している今、便利でお得なツールを探すのはいいけれど、あまり多く使いすぎると、支出を把握できず、支払い能力以上に使いすぎる事態にも。

CHECK

# 6

## キャッシング（＝高金利の借金）は危険！

キャッシングは、返済期間が長くなるほど利息が多くなります。早く返せばいいと思いがちですが、問題は「クセになる」こと。キャッシング破産する人の多くは、だんだん借入額が膨らんで返済できなくなるのです。

CHECK

# 7

## 趣味費用こそ積立が命

オタ活のように、毎年必要な費用が決まっているのなら、その分を給与口座とは別の口座に積立ておくのがおすすめです。1年を通して積立しておけば、ライブツアーなど大きな出費があっても慌てずに済みますよ。

深田's Advice

## 趣味費用・暮らしの費用・貯蓄費用と分けて1ヵ月分の予算を立ててみましょう

B子さんの場合は、「何にいくらお金がかかるか」をあらかじめ予測しやすいので、予算を決めて収入を振り分けるといいでしょう。趣味のためのサブ口座と、将来のための貯蓄口座をそれぞれ作り、毎月決まった金額を積立します。残った分が、その他の暮らし用とお小遣い。キャッシングはせずに、その予算内で生活する工夫をしてみてください。

# お金が貯まる人は「うまくお金を使える人」でした
# もっと貯まる習慣 マスト10

## 基本編

### 習慣1 水道にガス、電気……固定費はカード払いに

なんでもクレジットカードで買って、明細をチェックしないと、何にいくら使ったかわからなくなる心配もありますが、水道光熱費や通信費（金額は必ず確認を！）、可能なら家賃など、毎月引き落とされる固定費をカード払いするのはアリ。ポイントがつくうえ、払い忘れがなくなるメリットも。

### 習慣2 ざっくりでいいから家計簿をつけてみる

面倒そうなことはイヤ！と拒絶反応を示す人も多いのですが、大雑把なものでOK。P62のA子さんへのアドバイスのように自分でざっくりと3項目くらいに分類し、毎月使った金額を書き込んでみるだけでも意味があります。レシートを写真に撮るだけの家計簿アプリを活用しても。

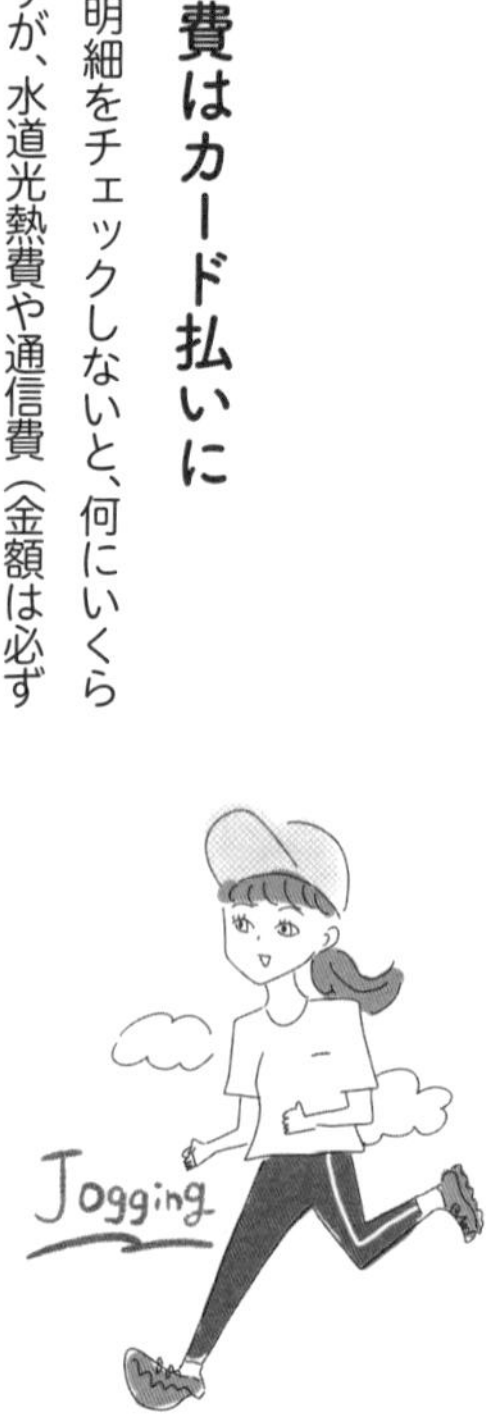


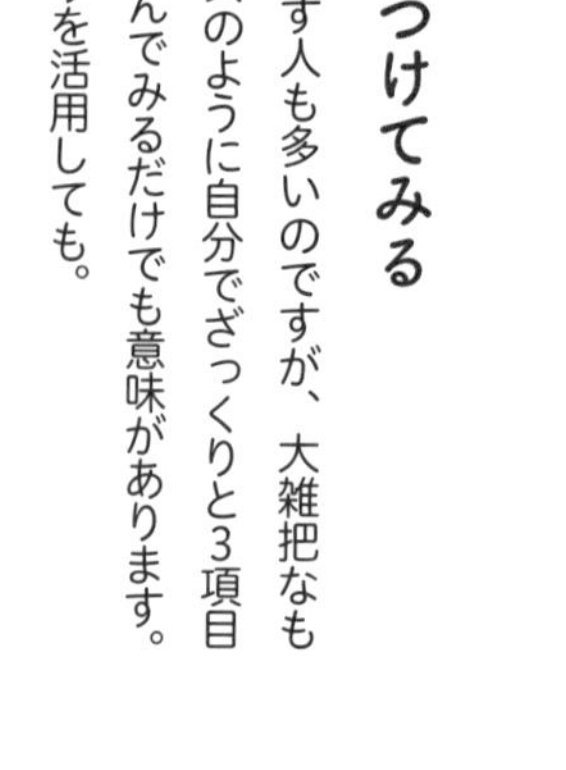

## 習慣3
### 電子マネーのオートチャージを封印

オートチャージ機能は、便利さゆえに使いすぎの原因にもなる諸刃の剣です。お金が足りなくなってしまうことがないので使った実感がなく、値段も確認しないままピッと買えてしまうのが怖い。電子マネーは、その都度チャージして使うのが「貯まる人」への近道です。

## 習慣4
### 手をつけられない〝お金の聖域〟を作る

お金の聖域、それはズバリ財形や自動積立など、将来のためのお金を積立する専用口座のこと。ATMなどで簡単には引き出せない仕組みにしておきましょう。本書でも度々お伝えしているとおり、これをしないでお金を貯めることはほぼ不可能。まだの人は今すぐ始めて！

## 習慣5
### クレジットカードは2枚を厳選

あまり使わないカードをただ持っていると、年会費の元すら取れず、むしろ損になる場合も。メインとサブの2枚で十分です。旅行の時に念のため持っていくサブカードは、年会費無料のものを選ぶようにしましょう。

**私にぴったりのクレジットカードの選び方**

**「本気の1枚+サブの1枚」を**

- ☑よく行く&使う場所か
- ☑目的に合っているか
- ☑年会費貧乏に注意

いちばんよく使う系列店のカードをメインに。百貨店系、駅ビル系、ネットショップ系などから１つを選びます。とくにこだわりがないなら交通系を。「マイルを貯めたい」「△△ポイントを貯めたい」など、目的をはっきりと決めてポイントを集約するのがお得な技。

## 習慣6 プチプラアイテムは隠れた浪費

一つひとつのアイテムが手頃なのであまり罪悪感を抱かずに買いがちだけれど、ファストファッションは何着も買えば大きな出費に。ワンシーズンしか着れない流行モノだとしたら決してコスパがいいとは言えません。ドラッグストアで買うプチプラコスメも甘い罠！

## 習慣7 株主じゃなくても使える「株主優待割引」航空券

国内線の航空券をお得に買う裏技の一つで、普通運賃の50%、なんと半額に！　株主優待なんて、どうせ私には関係ないし、と思いがちですが、これは旅行代理店を通して誰でも予約・購入できるもの。株主じゃなくても利用可能なのです。金券ショップで売られていることもあるので、旅行の計画を立てるときにチェックしてみて。

## 習慣8 国内旅行なら「新幹線＋ホテル」のパックで

新幹線の旅なら、往復のチケットとホテルの宿泊がセットになったツアーを旅行代理店で申し込みましょう。新幹線とホテルを別々に予約するよりも1万円くらい安くなり、断然お得。ビジネスホテルを利用するなら「出張パック」「ビジネスパック」などが該当します。

たとえば……

**東京と京都を往復した場合**

通常…東京⇔京都 のぞみ利用2万8340円+ホテル1万円→**3万8340円**

パック…東京⇔京都 のぞみ利用 ＋ ホテル →**2万6600円**

※JR東海ツアーズ・ネット申し込みの例／2020年3月1日から1泊2日・京都プラザホテル2名1室利用・朝食なし（上記料金はひとり分）。新幹線の出発日時と時間帯により料金加算あり。

## 習慣 9
### 「格安スマホ」にするとここまで変わる

格安ＳＩＭは、あまり通話を利用しない人が通信費を抑えるにはいい方法。選択しているプランによって異なりますが、同機種で同じデータ通信量でも、大手キャリアと比べて年間1～2万円は安くなる計算。「2年縛り」がなくなってもなお、格安スマホのほうがお得度大！

## 習慣 10
### ふるさと納税にトライしてみる

ふるさと納税とは、応援したい自治体に寄附できる制度のこと。寄附すると、自治体からお礼の品をもらえて、寄附金のうち２０００円を超える部分について所得税の還付、住民税の控除が受けられます。つまり、２０００円の負担で名産品をゲットできるということ。ブランド牛肉でホームパーティもアリですよ。

## ＋α編
### レッツ〝1ｄａｙチャレンジ！〟

まったくお金を使わない1日を過ごしてみましょう。昼はお弁当で、飲み物も家から持参。会社を出てから家に帰るまでのカフェやコンビニなどの誘惑を断ち切って、夜は家にあるもので自炊します。普段、いかに何も考えずにお金を使っているかが実感できて、「お金を使わなくても1日乗り切れた！」と、ちょっとした自信にもなるはずです。

# 将来、安心できるかどうかは「今のお金の使い方」次第なんです！

# 「貯まる」「貯まらない」行動チェックリスト

**将来安心OL**

社会人６年目の事務職。趣味と旅行にはお金を使いつつ、普段の食費を節約。学生時代からひとり暮らしなので自炊はお手のもの。月３万円の積立が、もうすぐ200万円に到達！

**将来不安OL**

社会人５年目の営業職。ひとり暮らししたいと思いつつ、貯金がないのでまだ実家。好きなものはガマンしないのがモットーだけど、このままじゃヤバいと思い始めたところ。

## ☑現金の引き出し方

月に一度、**決まった金額を銀行ATMでおろす**のがルーティーン。

飲み会に行く直前に「お金ない！」と、**コンビニATMでおろしがち。**

「１ヵ月○万円で生活する」という予算を決めておくことは、家計管理の超基本。お給料が入ったら銀行のATMに行き、１ヵ月分の現金を引き出しておきます。お金がなくなるたびにコンビニでその場しのぎの現金を引き出していたら、毎月の支出を把握できず、気づけば赤字になってしまいます。その赤字をボーナスで補てんするのは、お金が貯まらない人の典型的なパターン。「なぜかいつも金欠」という人は、まず真っ先にこの習慣を見直して。

## ☑ランチ

**基本はお弁当。**
**お弁当仲間と公園で、が定番。**

**同僚とカフェでランチ。**
**デザートもつけちゃう。**

働く女子のパワーの源、ランチタイム。「これが唯一の楽しみなんだから、お昼くらい好きなものを食べてもいいでしょ」という気持ちもわかりますが、その「○○くらいはいいでしょ」という思考パターンが貯まらない原因かも？　毎日のことだから、１年間となるととても大きな差がつきます。節約ランチでも、工夫次第でおいしく楽しくできるはず。贅沢ランチは月に１～２回と決めるなど、メリハリをつけられるようになりましょう。

## ☑フィットネス

**家でアプリを使ってヨガ。**
**いつでもできるのがいい♡**

**月会員になったのに、**
**ぜんぜんジムに行けてない。**

ジムやヨガ教室など、きちんと通っているならムダ遣いではありません。でも、ちっとも通えていないのに毎月会費だけを払い続けているとしたら、もったいなさすぎます（自分でもわかっているのでは？）。運動にかぎらず習い事や月会費制のものすべてに共通です。

## ☑ 朝のコーヒー

早起きして
**家でコーヒーを淹れて**
ゆったり朝食。

寝坊して、会社近くの
**ス[redacted]バであわてて購入。**

チリツモ出費の代表が、この〝ラテマネー〟。そのときだけを見れば400円程度の出費なんてたいしたことないと思うかもしれないけれど、１ヵ月にしたら8000円以上、１年で10万円近くにもなるんです。細かい出費こそ、月単位や年単位で考えてみるのがポイント。

## ☑ 夏休み旅行

数ヵ月前から計画を立てて、
宿も交通費もおトクな
**早割で予約!**

直前に行き先を決定。
航空券もホテルも高いけど
**正規料金で行っちゃえ!**

同じ旅先に同じ日程で行くとしても、計画性がある人とない人とではかかる費用がかなり違ってきます。行き先や予算を早めに決めて情報を集め、行動を！　旅費がおトクになった分、現地で使えるお金が増えて思い切り楽しめます。貯まる人は、使い方も上手なのです。

## ☑ クレジットカード

光熱費、美容代など、
だいたい決まったものはクレカ払い。
**毎月同じくらいをキープ。**

現金が足りなくなったら
キャッシングを利用。請求額は
**明細見るまでわからない。**

貯められない女子の自覚があるなら、クレカの使い方には要注意！　毎月ある程度決まった金額のものだけをクレカ払いにして、そのほかの生活費とおこづかいは現金で（それもコンビニでちょこちょこおろさないこと）。キャッシングとリボ払いは絶対にダメ!!

## ☑ 記念日デート

プレゼントを奮発
したいから、ご飯は
**お家でワイン＆手料理。**

何から何まで、
せっかくだから
**豪華にいきたい！**

彼の誕生日やクリスマス。少し高価なものをプレゼントしたいなら、食事は家で。憧れのレストランに行くならプレゼントはちょっとした物に……というバランス感覚を大事にして。「せっかくだし」と気が大きくなってお金を使いすぎるのも、貯まらない習慣の一つです。

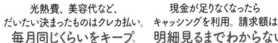

COLUMN 4

これも知りたい！

# キャッシュレス決済

## 現金払いはもはや損?!

消費税率の引き上げに合わせて始まった
“キャッシュレス決済でのポイント還元”。キャッシュレスって、
そんなにおトクなの？　現金で払うのは損？

クレジットカードや電子マネーにスマホコード決済も加わり、キャッシュレスの選択肢が増えています。２０１９年10月の消費税増税に伴って消費が落ち込まないよう、キャッシュレス決済をすると国が５％（大手チェーン店は２％）のポイントを還元する事業が２０２０年６月まで行われています。国が推奨しているくらいだから使わないといけないのかな、と煽《あお》られてしまいますよね。

おトクの根拠であるポイントを見ていくと、クレジットカード、クレジット機能付きの交通系電子マネーは還元率０・５～１％が多く、スマホコード決済は０・５％程度の還元や割引クーポン、期間限定の大幅なポイント増額キャンペーンで話題になりました。スマホコード決済はクレジットカードと比べて加盟店の手数料が安いのに、なぜポイント還元があるのでしょうか？　それは、提供企業が膨大な個人データをほしいから。要は、シェアの奪い合いというわけです。

**ポイントで得することと、お金が貯まることは違います。**キャッシュレスを多用してお金の出口が増えると、支出が分かりにくくなる心配も。キャンペーンに飛びついたり、乗り遅れちゃう！　と焦る必要はありません。**新サービスの評判を確かめたうえで、自分が使いやすいものを選んでもいい**のではないでしょうか。

## （決済代金をいつ払うのか？をまずはチェック）

| | 主なサービス | 支払い方法 | 利用可能額 | 年会費 | 特典・ポイント | 特徴・注意点 |
|---|---|---|---|---|---|---|
| クレジットカード | JCB、VISA、Mastercardなど | 後払い<br>→翌月以降の決済日にまとめて支払い | カード会社が決めた範囲内 | 無料、または有料（カード会社と種類により異なる） | 利用額に応じてポイントが貯まる | 収入に応じた利用限度額／利用できる店が多い／手数料は、一括払いだとかからないが、分割払いはかかる場合がある |
| デビットカード | VISAデビット、JCBデビットなど | 即時払い<br>→銀行口座から支払い時に決済 | 預金口座の残高内 | 初年度は無料、2年目から | ポイント、またはキャッシュバック | VISAやJCBなどの加盟店なら利用可能／利用可能額は、銀行口座残高の範囲内なので、使いすぎを防げる |
| プリペイド型の電子マネー | Suica、WAON、nanaco、楽天Edyなど | 前払い<br>→事前にチャージした金額の範囲で支払い時に決済 | チャージした金額の範囲内 | 無料が多い | ポイント、または割引など | 誰でも申し込める／高額な支払いには使えない／使いすぎを防ぎやすい／紛失や盗難時に不正使用されやすい |
| ポストペイ型の電子マネー | QUICPay、iDなど | 後払い<br>→紐づいたクレジットカードの方法と同じ | クレジットカードに準ずる | 無料 | ポイント、または割引など | 残高を気にせずに使える／クレジットカードの保険対象となるので、不正使用時の補償が受けられる |
| スマホコード決済 | LINE Pay、PayPay、楽天ペイ、メルペイなど | 種類によりさまざま<br>→クレジットカードで後払い、チャージした金額内で即時払いなど | 支払い方法に準ずる | 無料 | ポイント、または割引など | スマホ提示による利便性／ポイント還元などのキャンペーンによりお得度が高いものも |

## 「キャッシュレス決済」のまとめ

1 消費税率アップにより
サービス・利用可能店舗が拡大

2 キャッシュレス決済は
「いつお金が出ていくか」を確認する

3 ポイント還元や割引に飛びつかない

4 お得度と利便性は必ずしも一致しない

5 キャンペーンに飛びつかず、
利便性がわかるのを待つ

どれを使うか、
じっくり比べてから
決めればいいのね

PART.4

# 女性の人生、これだけお金がかかる

―私たちは働き続けないといけない?―

# 「私たち、どうやって生きていけばいいの？」

## 深田×バリ姉さん対談

**バリ姉さん**　……最近、思うんですよ。

**深田**　ん？　何の話？

**バリ姉さん**　私、もう結婚しないんじゃないかって。

**深田**　そうなの？　まぁ、バリ姉さんは収入も高そうだし、けっこう貯蓄もできているし、お金の面では心配なさそうね。でも、人生何があるかわからないから、そう言いながら数年後には結婚して子どももいるかもしれないわよ。

**バリ姉さん**　そう！　その「人生何があるかわからない」ってところが引っかかるんですよね。ずっとひとり暮らしなら、もうマンションを買っちゃおうとも思うんですけど。

**深田**　アラサーくらいの年齢でひとり住まい用のマンションを買うのは、

あまりおすすめしないわね。もし予定が変わって結婚したら、家族で住むには手狭だろうし。住宅ローンだけが残って、負担になるかも。

**バリ姉さん**　うーん、そう考えると、ライフプランを立てるのってすごく難しくないですか？　私はなんでも計画どおりに進めるのが好きだから、将来のことが見えなさすぎてモヤモヤします。仕事だって、男性社員と同じように昇進できるかどうかもわからないし。

**深田**　本当にそうね。女性は出産すれば一時的に休まざるを得ないし、復帰後も時短勤務になるから、年収が上がりにくいという面も。でもね、ライフイベントって、転職、結婚、出産・育児、住宅購入など、ある程度は想定できるものが多いから、それぞれにどのくらいお金がかかるのか、目安を知って備えておくことはできそうだと思わない？

**バリ姉さん**　たしかに。

**深田**　20代のうちは、転職や結婚といった、ちょっと先のライフイベントに備えて貯金をします。

**バリ姉さん**　別にお金をかけなくても結婚できるんじゃないですか？

**深田**　いえいえ。式も披露宴もしない場合でも、2人で暮らし始めるときには家具や家電、引越代などがかかるもの。少なくとも100万円くらいは必要だと思っておいたほうがいいわ。

**バリ姉さん**　そうなんですね！

**深田**　30代になったら住宅購入のための頭金や、子どもがいれば教育費を貯める。40～50代では自分の老後資金の準備も始めるっていうイメージね。いずれにしても30代くらいまでに〝貯める習慣〟を身につけることがいちばん大切。

**バリ姉さん**　もし結婚も出産もしなかったら、その費用が浮くっていうだけですよね。

**深田**　そうそう。貯金があって困る！　なんてことはないでしょう。

## ( 20代のうちに習慣にしておきたいこと )

- ☑ 貯金は早く始めるが勝ち！
- ☑ 収支を管理して脱・お金音痴
- ☑ 30歳までに貯める目標額を決める

社会人になってから、お金とどう付き合っていくかでこの先の人生に大きな違いが出てきます。貯金は余裕ができたら始めるのではなく、早く始めることが大事。残ったお金でやりくりする習慣を身につけましょう。自分の平均手取り月収と、毎月の支出額がすぐに言えれば合格！

## ( 30代から心がけていきたいこと )

- ☑ 結婚から出産までに貯める
- ☑ 収入ダウンの崖に備える
- ☑ 転職するなら出産前に

20代で貯蓄習慣ができていれば、結婚・出産への備えは万全。とくに結婚してから出産までの期間は夫婦で稼いで貯めることができる「黄金の貯め期」。出産後には育休、時短勤務でしばらくはフルタイムの1/3～2/3の収入になることをふまえて貯蓄ペースをアップしよう。

## ( 40代になったら気をつけたいこと )

- ☑ 増えがちな「じぶん費」に注意
- ☑ 子どもの教育費を貯める
- ☑ 老後に向けての貯蓄を始める

若い時より収入アップして余裕ができてくると、自分へのご褒美系にお金を使いがちに。でも、子どもがいれば教育費を優先して貯めなければいけないし、老後に向けての貯蓄も考えないと。余裕ができてきたときこそ、使い方を見直すとき。40代って、意外と大事な時期です。

何にどれだけかかるかを知って不安を減らそう

# 女性の一生とお金

## EVENT 1 就職 START!

### 少額でいいのでまず始めるべきは「貯金!」

お金人生（?）のスタートは社会人になったときから。月に5000円でもいいので積立預金を始めましょう。そのうちに、と先延ばししていたらいつまでたっても貯金の習慣が身につかないし、もちろんお金も貯まりません。

## EVENT 2 ひとり暮らし

**HOW MUCH? 50〜60万円**

※賃貸の初期費用+引越代、家具・家電代など。
※住む場所や不動産会社によって異なる。

### 家具代や家電代など予想以上にかかる

賃貸で部屋を借りると、引越代のほかに敷金、礼金（最近はない場合も。地域によっても異なる）、不動産仲介料といった初期費用がかかる。初めてのひとり暮らしなら、家具・家電など買い揃えなければならないものも多いはず。また、翌月からは毎月家賃を支払わなければならない。家賃７〜８万円の場合、目安として50万円ほど+家具、家電の購入代金などがかかるとみておいて。

## EVENT 3 転職

**HOW MUCH? 給料1〜2ヵ月分の貯金**

### 〝つなぎ〟の資金がないと転職もできません

転職をすること自体には費用がかからないけれど、現職を辞めるタイミングと転職先に勤め始めるタイミングがうまく合わないことも考えられる。１ヵ月以上あいだが空いても生活に困らないよう、少なくとも１〜２ヵ月分程度の生活費を貯めておきたい。また、転職先が自宅から遠い場合には、面接のための交通費や、引越の費用がさらにプラスされることも考慮しておくと安心。

EVENT

# 4 結婚

HOW MUCH?

挙式・披露宴をする場合…**300万円**

※招待客60人の目安。地域や会場によって異なる。

挙式・披露宴をしない場合…**10万円**

※両家での食事会のみ。

## 〝一生に一度〞という言葉に惑わされない！

大勢の親戚や友人を招いて挙式・披露宴をするとしたら、コストはふくれ上がるばかり。招待客の人数、料理、衣装などによってずいぶん金額は変わるが、ホテルや式場で200～250万円、ゲストハウスを貸し切ってのハウスウェディングなら400万円近くかかるケースも。２人で話し合って決めた予算の範囲内に収めることが大切。「平均」の金額に引きずられないよう気をつけて。

ちなみに……

### 結婚まわりのお金について

**結婚指輪**………… **10万円**

**ハネムーン**……… **60万円**

※2人分のハワイ旅費の目安

**友人の結婚式**（ご祝儀＋衣服・小物代）

…………　**一回につき５万円**

挙式のほかに、結婚指輪、新婚旅行なども結婚の費用。さらに、結納、婚約指輪なども。結婚まわりのお金は足し算でどんどんかさんでいくことに注意！　また、自分が結婚する年代ならば、同世代の友人の結婚式に呼ばれることも多いはず。その都度、ご祝儀などの出費があることも忘れずに。

EVENT

# 5 新生活

HOW MUCH?

**100万円**

※賃貸の初期費用＋引越代、家具代など。
※住む場所や不動産会社によって異なる。

## 夫婦で今後のお金プランを相談しよう

結婚式をしてもしなくても、２人の生活を始めるにあたっての費用はかかる。それぞれの引越費用、賃貸の初期費用、家具・家電など新たに買うものを合わせると２人で100万円程度はみておきたい。結婚式の予算を考えるとき、この費用を計算に入れていないと大変なことに！　この機会に、今後の家計管理についても夫婦で話し合っておくのがベスト。

EVENT

# 6 マイカー購入

HOW MUCH?

**車両代＋諸費用**（税金、保険料など）

※参考車両価格／ホンダ「N-BOX」約140万円～、トヨタ「ハリアー」約300万円～

## ガソリン代に車検に……維持費はかかり続ける

住んでいる地域によっては、生活に車が欠かせないという場合も。新車を購入する際にマイカーローンを組むと、初期費用は車両価格の２割程度（もちろん頭金が多いに越したことはない）。ただ、車を持つと、ガソリン代、税金、車検、保険料、マンション住まいなら駐車場代など維持費もかかる。それも見越して購入する車種、ローンの金額を決めたい。

EVENT

# 7 出産

HOW MUCH? **50万円**（−42万円）

※健保から出産育児一時金42万円が支給される。
※個人病院と総合病院でも変わる。

ちなみに……

### 出産まわりのお金について

**マタニティグッズ、ベビー用品など**

出産前のマタニティウェアやベビー服やベビーカー、チャイルドシート、細々とした消耗品……買うものはいろいろあるけれど、最近はベビーベッドを置かない人が増えたり、レンタルを利用するなど、ベビー用品にそこまでお金をかけない傾向に。10万円程度と考えてOK。

## 公的制度や保険をきちんと活用しよう

出産は病気ではないので自由診療で、一般的に、費用は50万円程度。でも、健康保険から「出産育児一時金」が42万円支給されるので、実際の自己負担は８万円ほど。帝王切開など、健康保険が適用されるケースも。出産前の妊婦健康診査についても、自治体などからの補助が出る。出産前からこうした制度を知っておき、きちんと活用することが大切。

### 「直接支払制度」とは？ ➡ 病院の窓口で42万円分を払わなくていい！

出産費用が50万円だった場合、通常は病院の窓口でいったん50万円払い、後で健康保険から42万円が戻ってくるが、直接支払制度を利用すれば、健保から病院に直接42万円が支払われ、窓口で払うのは８万円だけで済む。ただし、個人経営の病院などこの制度に対応していない医療機関もあるので、事前に電話などで確かめよう。

EVENT

# 8 マイホーム購入

HOW MUCH? **物件価格＋諸費用**（物件価格の約1割）

## 「結婚と同時に買う」のはおすすめしません

ある程度の貯蓄ができたら家の購入も考えられる時期。結婚してすぐに新居を買うのはちょっと待って！　まだ２人でお金を貯めた実績もなく、子どもが何人になるか、生活にどのくらいお金がかかるかも定まらないうちにローンを組むのはリスクが大きい。物件価格の２割程度のお金が貯まってから購入を。また、頭金のほか、諸費用も物件価格の１割程度かかる。

### 結局どっち？「賃貸VS.持ち家問題」の考え方 ➡ 多額のローンは避けよう！

将来、家賃の負担がなくなるほうがいいというのはひとつの考え方。たしかに、高齢になって年金収入のなかから家賃を払い続けるのは大変という面も。ただ、身の丈以上に多額のローンを組んでしまうと、結果的に年金生活に入っても返済し続けなければならないことに。持ち家の場合は、できるだけ借入額を少なくすること。そのためにまずは頭金を貯めるのが最優先！

EVENT

# 9 教育費

## HOW MUCH? 選択次第でものすごく変わる時代です

### 教育費は「払いながら貯めていく」もの

公立or私立で1000万円以上の差が出るが、この総額は一度に支払うものではないので、小・中・高と払いながら、大学の費用を貯めていくと考えて。無理をして支払いだけでいっぱいになってしまうと、その先の分を貯めることができなくなる。教育費は昔よりも高くなっているので、自分が親にしてもらったことを子どもにもしてあげなければと思わないで。

**進路別・教育費用を比べてみると?**

| | 小学校 | 中学校 | 高校 | 大学 | |
|---|---|---|---|---|---|
| 国公立 | 年間<br>約32万円 | 年間<br>約49万円 | 年間<br>約46万円 | 初年度 年約82万円<br>2年目以降 年約54万円 | |
| 私立 | 年間<br>約160万円 | 年間<br>約141万円 | 年間<br>約97万円 | 〈理系〉初年度<br>年約154万円<br>2年目以降<br>年約111万円<br>(+施設設備費年約19万円) | 〈文系〉初年度<br>年約117万円<br>2年目以降<br>年約79万円<br>(+施設設備費年約15万円) |

※文部科学省 平成30年度「子供の学習費調査」と「国立大学等の授業料その他の費用に関する省令」及び「私立大学等の平成30年度入学者に係る学生納付金等調査結果」より(小学校から高校までは、学校教育費と給食と学校外活動費の合計額)。
※私立大学の「施設設備費」は2〜4年生でもほぼ同額かかるケースもあれば、入学時のみの場合もある。

ちなみに……

すべて公立の場合 ➡ 約721万円

すべて私立の場合 ➡ 約2218万円
(大学・理系)

EVENT

# 10 保険

## HOW MUCH? 生命保険…100万円(掛け捨てタイプ・20年間分の保険料目安)
## がん保険…80万円(掛け捨てタイプ・30年間分の保険料目安)

### 「必要なものを必要なときだけ」が基本です

保険は人生でもっとも大きな買い物のひとつなどと言われたのは昔の話。今の時代、保険は一生払い続けるものではなく、その時々に必要な保障を選び、保険料の安い掛け捨てタイプに加入するのが基本。死亡保障のついた生命保険は子どもが生まれてから社会人になるまでの期間だけで十分。それに医療保険またはがん保険を合わせて。

## 結局のところ……もらえるの？　もらえないの？

# 私たちの年金問題

**セッチー**　老後に2000万円の貯蓄が必要って、私たちにも関係ありますか？　そんなに貯められるか、ものすごく不安です。

**深田**　老後までに「2000万円の貯蓄が必要」という意味じゃないんです。今の平均的な高齢世帯をモデルとして計算すると、生活費のうち、年金で足りない分が毎月約5万5000円。95歳まで生きるとしたら2000万円が不足するという一例なの。誰もが同じ条件ではないから、金額にとらわれないで。

**心配ちゃん**　私たちが老後を迎えるとき、年金がもらえない可能性ってあるんですか？

**深田**　いいえ、少し減るかもしれないけど、**年金は必ずもらえるから安心して**。仕組みを知っておけば、納得できるはず！

**全員**　年金のこと、イチからおしえてください！

**深田**　まず……公的年金は国の社会保障制度。保険料を払う／払わないの選択肢はありません。

**バブ美**　そうだ、そもそもお給料から引かれているんだった。

**深田**　そう。**年金の制度というのは、助け合いの仕組みなんです。大きなどんぶりに、現役世代の人がお金を入れて（保険料）、そのどんぶりの中身を高齢者や障害のある人など**

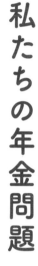

に配る（年金）イメージです。

**セッチー**　自分がどんぶりに入れた分＝自分の取り分じゃないのね。

**深田**　そのとおり。でも、困ったときにお金をもらえるのは、このどんぶりにお金を入れてきた人だけ。これからの高齢社会では、どんぶりにお金を入れる人が減って、お金をもらう人が増えるから、年金額が減る可能性が高い。でも、そこにはたくさんのお金が入っ

**年金の仕組みってこういうこと！**

みんながひとつのどんぶりにお金を入れていき、そこから年金が出る仕組み。老後にかぎらず、障害者の年金、遺族年金など、困ったことがあったときに助け合うためのもの。

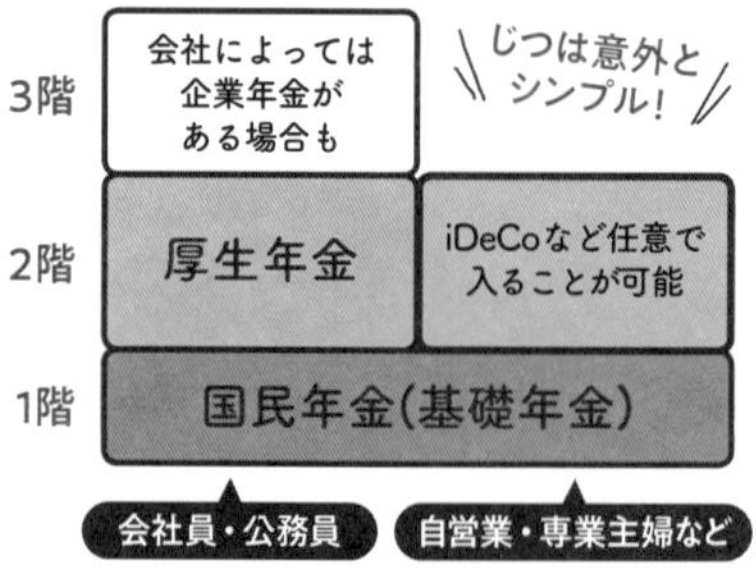


ある場合も
じつは意外と

iDeCoなど任意で
入ることが可能

## 今さら聞けない「年金制度」

国民年金は、専業主婦や自営業の人も含め、すべての20～60歳が加入する、いわば年金の「１階」。会社員・公務員はそれに加えて「２階」にあたる厚生年金があり、会社によっては「３階」の企業年金がある。２・３階は給料や勤務先の制度によって額が異なる。

ているので、年金をもらえなくなるということはないんです。

**心配ちゃん**　年金のことがわかって、ちょっと安心。自分が年金をいくらもらえるのか、どうやってわかるんですか？

**深田**　年金は国民年金（基礎年金）と厚生年金の2階建てになっています。年額で約78万円受け取れる基礎年金に加え、会社員なら収入と勤続年数に応じて厚生年金が上乗せされます。

**バブ美**　会社を辞めたら、将来もらえる年金も減るってことね。

**深田**　結婚を機に仕事をいったん辞めてしまうと、その後、パートなどで独身時代と同じ収入を得るのは難しいし、厚生年金に入れなかったら、せっかく働いても年金額が増えないということになっちゃいます。

**心配ちゃん**　年金のためにも仕事を続けたほうがいいのね。

**セッチー**　でも、ずっと働いたとしても、やっぱり年金だけじゃ老後のお金は足りない気がするんですけど……。

**深田**　そうですね。そもそも公的年金は、老後の生活費すべてをまかなうものではありません。ただ、年金が生活費の土台になることはたしか。100歳まで生きてもお金をもらえるんです。

**全員**　がんばって、ずーっと元気に働くしかないね！

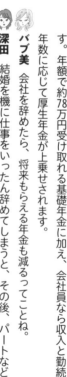

## 将来、私はいくらもらえる？
# 年金早見表

### 会社員

| 厚生年金加入期間／働いている間の平均年収 | 40年間働いた場合 | 20年間働いた場合 |
|---|---|---|
| 200万円 | 124万円 | 102万円 |
| 300万円 | 146万円 | 113万円 |
| 400万円 | 168万円 | 124万円 |
| 500万円 | 190万円 | 135万円 |

※年金額は65歳から受け取れる「基礎年金」と「厚生年金」の合計額。
※平均年収に退職金は含まれません。

### 自営業・専業主婦など

| | |
|---|---|
| 国民年金（基礎年金）のみ | 78万円 |

年金を計算するときの元となる平均年収は、働いていた期間のトータルで平均した年収のこと。50歳を過ぎると、おおよその年金額が想定できるので「ねんきん定期便」に具体的な金額が記される。

### これから私たちができることは？

## ➡長く働く！

- ☑ 出産後も働き続ける！
- ☑ 厚生年金がもらえる仕事が○！
- ☑ 年金制度のニュースをチェックしよう

### POINT

## 昔も今も、年金だけでは生きられない

2000万円不足するかどうかはともかく、そもそも公的年金だけで老後の生活費すべてをカバーするのは大変です。それは以前から変わりません。今の高齢者で経済的なゆとりがある人は皆、年金をたっぷりもらっているのかというと、そんなことはなく、たくさん貯蓄をしてきたのです。時代にかかわらず、貯蓄は必須です！

COLUMN 5

これも知りたい！

# ずっと「おひとりさま」？問題

## どうなるかわからないけれど……

「結婚したいけど、もししなかったら？」「シングルで人生を謳歌したい」
「今の夫と別れたら……」
将来のために今からどう備えておけばいい？

ずっと「おひとりさま」女子、これからの時代には増えていくのかもしれませんね。でも、アラサーくらいの年齢で結婚しないと決めつけてしまうのはちょっと時期尚早では？　40代で結婚する人もたくさんいます。

人生、何があるかわからないので、早々にひとり暮らし用のマンションを買ったりしないこと。もし結婚することになったら引越せざるを得なくなり、賃貸に出してもローンが残っていると赤字になる可能性があります。

### 好きなだけ使えるからこそ、ちょっと背伸びした貯蓄額に

結果的に老後を迎えるときまでシングルだった場合、1人分の年金だけで生活するのはなかなか大変です。

「ひょっとして、ずっとおひとりさまかも」と思うなら、月々の積立金額を1～2万円増やすなど、ちょっと背伸びした貯蓄に挑戦してみては。結婚、出産といったターニングポイントがないのは、好きなだけお金を使えるということ。だからこそ、自分のための貯蓄です！　先取り貯蓄をして残った分で生活できれば、支出コントロール力も身について一石二鳥というわけ。

もちろん、ずっと働き続けることがとても大事です。将来、親の介護などがあっても、どうか仕事を辞めないで。今、老後破産している人のなかには、親の介護のために仕事を辞めてしまった人も少なくありません。

## 老後に助け合える友人や仲間を持つことも大切

平均寿命がのびて、人生１００年時代ともいわれるこの頃。おひとりさまの老後期間も長くなると見込んでおいたほうがいいでしょう。そこで大切なのが、「健康寿命」という考え方。介護を必要とせずに自立して生活できる期間のことです。ただ長生きするだけではなく、元気でいられる期間が長いに越したことはないですよね。

健康寿命を考えれば、現役時代に体を壊すほど無理をするのは避けたいところです。もし、今の仕事がハードすぎて長く続けられそうもなかったり、お給料が安くて今後も上がる見込みがないのなら、早めの転職という選択肢も。

２００８年のリーマン・ショック後など、景気がとても悪かったときには転職の求人を探すのが大変でしたが、今は20～30代女性の求人も増えています。同じ会社で無理して働き続けるよりも、転職を検討するほうが待遇改善&健康的な生活への近道かもしれません。

将来、年金生活になったら、友人同士でルームシェアをして生活費の負担を減らすのもいいですね。困ったときにお互い相談でき、助け合える友人やコミュニティを持つことも、老後の備えのひとつです。

貯蓄、健康、友人。この三種の神器（？）があれば、おひとりさまの老後も楽しく過ごせるのではないでしょうか。

マンション買おうかと
じつは探してた

やばーい!
友だち超少ないかも!

## 「おひとりさま」問題のまとめ

1 定年まで働き続ける

2 少し多めの貯金を習慣にする

3 「支出コントロール力」を身につける

4 親の介護期間中も仕事を辞めない

5 平均寿命に合わせて健康寿命も長く

6 困ったときに頼れる友人やコミュニティを持つ

• SPECIAL COLUMN 2 •

## 女子のフツウとは？

# みんなが知りたい「平均年収」と「平均貯蓄額」

女性誌でお金についてのアンケートをとったところ、読者がいちばん知りたいことは「同年代の平均年収」でした。ほかに、「社会人○年目なら、どのくらい貯金があるのが普通ですか？」という質問も多数。

みんなと比べて自分はどうなんだろう？と知りたい気持ちはわかりますが、世代ごとの平均って、あまり意味がないのです。なぜなら、お給料の相場というものは会社の規模と業種でだいたい決まるから。仕事内容は同じでも、年収が200万円以上違うこともざらです。大多数の人が平均くらいなのではなく、年収がすごく高い人もいれば低い人もいるというのが現実。友達と収入について話すことってあまりないので実感しにくいかもしれませんが、おそらく年収はバラバラではないかと思います。同じように貯蓄も、1000万円貯めている人もいれば、ゼロの人も。

お金については、他人と比べて安心したり落ち込んだりするのではなく、自分なりの目標を定めて、そこに向かって着々と進んでいきましょう！

収入も貯蓄も
みんな違って
当たり前なんです

PART.5

# 「お金的に」正しい結婚とは？

―お金に不安のない人生を送りたい―

# 「結婚はゴールじゃなくてリスクヘッジ」

深田×ユメ子対談

**ユメ子** あ〜、彼氏ほしい〜。

**深田** ……いい人に出会えるといいわね。

**ユメ子** はい、婚活がんばります！ やっぱり、お金のことを考えたら結婚したほうがいいですよね？ でも最近、まわりの友達で「結婚してもメリットがない」っていう子がけっこういるんですよねえ。

**深田** 考え方次第ではあるけど、お金の面では、シングルよりも１人当たりの生活費が少なくなるというのはメリットかな。

**ユメ子** うんうん、わかります。私はメリットしか感じてないです。

**深田** でも、ユメ子さんも仕事を続けるのが前提よ。

**ユメ子** えーっ！ 仕事辞めたいんですけど……。

**深田** 年収６００万円でも手取りは４６０万円程度って言ったわよね。そ

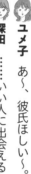

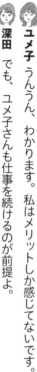

して、そもそも年収６００万円以上の若い男性なんて、ほんの一握りしかいないってことも伝えたはず。

**ユメ子** あ、そうでした。じゃあ、もし年収８００万円くらいの人と結婚したら、私は晴れて専業主婦になれるってことでいいですか？

**深田** いやいや、話聞いてる？（笑） 年収８００万円の人と出会って結婚する可能性って、ないとは言わないけど、いや、ないと思ったほうがいいかもしれないわね。それに、同じ世帯年収８００万円でも共働きのほうが税金の面でお得なんです。

**ユメ子** 共働きのほうがお得？ 本当ですか？

**深田** うん、本当よ。詳しくはあとで説明するわね（Ｐ１０６）。

**ユメ子** 結婚してもしなくても仕事を続けなきゃいけないなら、結婚する意味っていったい何なのでしょうか？

**深田** ずばり、リスクヘッジです！

**ユメ子** リスクヘッジ？？？

**深田** 何か起きたときに相談できる相手であり、仕事や子育てなど、やりたいことを実現するためのパートナーでもある。万が一、病気で働けなくなったときにも配偶者がいたほうが安心よね。1人よりも2人でいることは、これからの長い人生を乗り越えていくためのリスクヘッジになるんじゃないかしら。

**ユメ子**　とりあえず結婚すれば人生あがり！　って思っていたけど、違うんですね。

**深田**　甘い夢を見ていたのに、ごめんなさいね。

**ユメ子**　私が言うのもなんですけど、お金のためだけに結婚するなんて寂しいですよね。

**深田**　ユメ子さんだって、本当はお金のために結婚するわけじゃないでしょう？　もちろん、好きな人とじゃなきゃ一緒に暮らせないわよね。愛があることは大前提よ。私も夫のこと、大好きです。でもね、結婚とお金は深くかかわるもの。借金抱えているような人と結婚したら、リスクヘッジどころかお金の苦労が増えちゃうでしょ。

**ユメ子**　借金があるかどうかなんて、付き合っているときには聞きにくいですよー。

**深田**　そうね。でも、いざ結婚を考えるときになったら聞いてもいいんじやない？　結婚生活では、お金についての隠し事があったらダメ。

**ユメ子**　……ですね。気をつけなきゃ。

**深田**　あとは、交際中にも相手のお金の使い方をよく観察してみて。

**ユメ子**　デートのとき、ごはん代を払ってくれるかどうか？

**深田**　それは見栄をはっているだけの浪費体質かもしれないから気をつけないと。自分のものばっかり買って、彼女に対しては出し惜しみする人もバツ。かといってあまりに節約体質な人もつまらないし……。金銭感覚がきちんとしていて、他人にケチじゃない人が理想ね。

**ユメ子**　金銭感覚がちゃんとしている人を選ぶことが、結婚後のリスクヘッジにもなるんですね。

お金だけの問題じゃないけど……

# 結婚ってそもそも「おトク」なのか問題

ここでみんなの誤解をみてみましょう

私のお給料だけじゃ老後が不安〜
でも、ずっと働くのは嫌〜
あと、子育てしたいから仕事はやめたいな〜
えー？
そんなに結婚っていいかな？
結婚のメリット・デメリットを知りましょ！

## 誤解その1

「専業主婦がいい！」

↓

断然、1人より2人の収入！

## 誤解その2

「子育て中は仕事を辞める！」

↓

出産後の再就職って大変なんですよ

## 誤解その3

「結婚してもいいことゼロ」

↓

お金的には結婚はおトクな面も

# これだけは言いたい！ 結婚後も仕事を続けましょう

「結婚したら、仕事辞めちゃおうかなぁ」と、甘い夢を見続けているユメ子のような女子はいませんかー？

「生活費は夫が払ってくれるなんて思ったら大間違い。すでにお伝えしましたが、年収６００万円以上の独身20代後半〜30代男性はほんの数%。それに、デートもワリカンにする今どき男子は、結婚後の生活費だって2人で出し合うのが当然と思っていることが多いんです」

そしてなんと、同じ世帯年収でも、夫婦共働きのほうが手取りが多いという事実もあるのです（→誤解その1）。

「妊娠出産を機に〝いったん辞める〟というのも、ちょっと待った！です。ここにも落とし穴があります（→誤解その2）」

また、女性が仕事を辞めがちなタイミングは出産だけにあらず。相手の転勤などで、思い通りに働き続けられないこともあるかもしれません。

「そうはいっても、2人一緒に暮らせばひとり暮らしよりは生活コストが安くなったりと、それなりにおトクな面もありますよ（→誤解その3）」

## 誤解その1 共働きのほうが「手取り」が多い！

夫だけが働いて妻が専業主婦というカップルと、夫婦共働きのカップル。同じ世帯年収800万円でも、手取り金額は実は違います。このケースでは、共働きのほうが26万円も多いのです。「これはどうしてかというと、所得税の違いによる差です。所得税は、年収が多いほど税率が高くなるので、500万円と300万円それぞれにかかる税率よりも、１人で800万円の収入がある人の税率のほうが高く、引かれる税金が多いのです」。

### 夫だけvs.夫&妻の手取りを比較してみると……

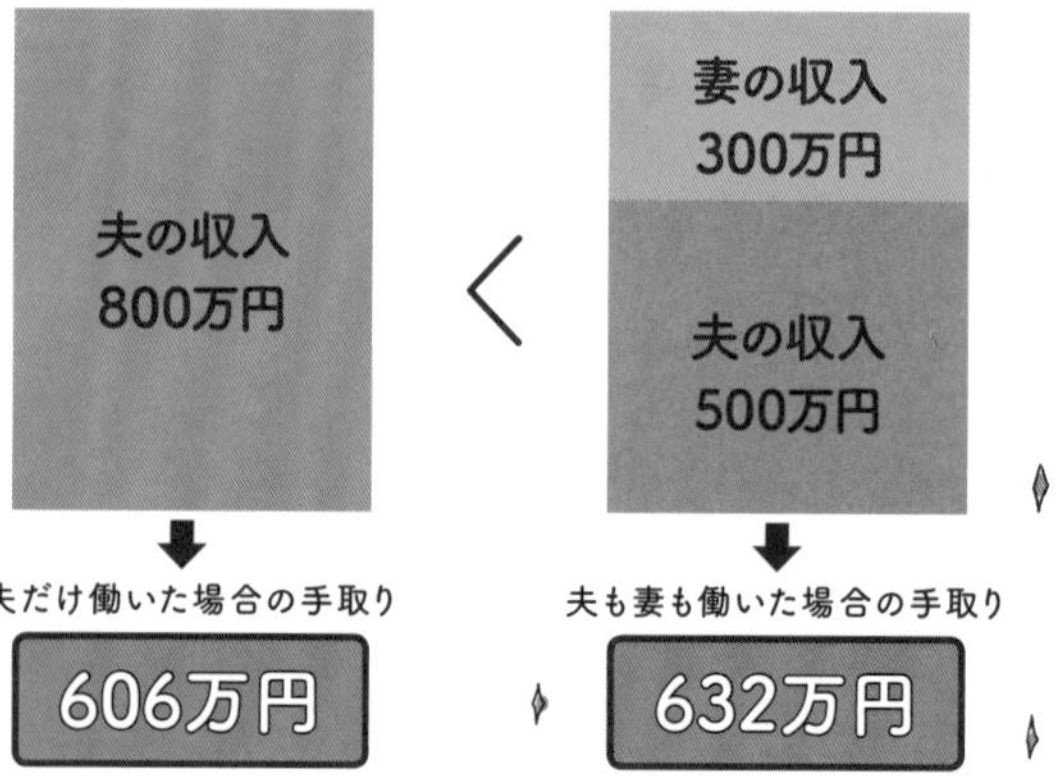


**共働き夫婦のほうが26万円も手取りが多い!**

※手取り計算の前提条件：30代の会社員夫婦、年収800万円の夫の妻は専業主婦の場合。

## 誤解その3 生活費がうく！不測の事態に対応できる

「仕事を続けることで結婚のデメリットの多くはクリアできるって、わかったでしょう？」。では、メリットはというと、単純に生活コストがうくことや、お金が貯まるスピードが早く、病気などの不測の事態にも備えやすいということが挙げられます。「生活費は２倍になるのではなく、およそ1.5倍と考えてOK。協力して貯蓄していけば、教育費や老後の資金などもしっかり貯められるはず。それができる相手を選びたいですね」。

## 誤解その2 仕事を辞めてはいけません！

「いったん仕事を辞めて扶養に入ると、育児をしながらの再就職は大変です。かといってパートに切り替えると、社会保険料を支払わずにすむ130万円の壁があり（下図参照）、年収100万円ほどになる人が多数です」。130万円の壁を超えて、社会保険料を支払っても損をしない年収は、下のグラフの通り153万円。でも「パートでそれだけ稼ごうと思ったら、ほぼフルタイム勤務に。会社員だった独身時代と同じだけ働いて、年収150万円では辛いですよね」。

### うっすら耳にする「130万円の壁」ってなんのこと？

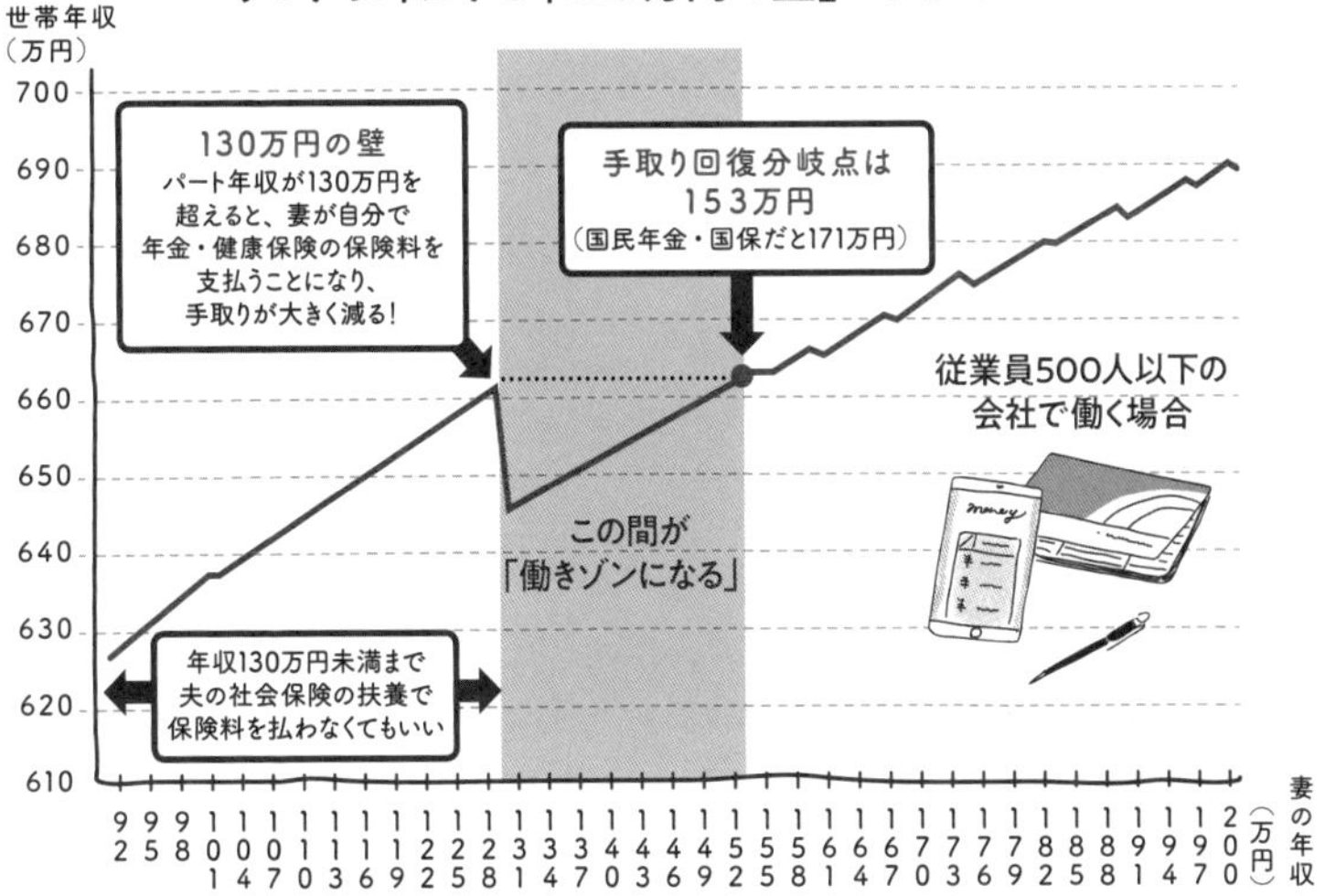


※東京23区在住／夫の年収は額面700万円の会社員の場合。 ©試算及びグラフ作成・深田晶恵

### 「お金的に」正しい結婚とは？

☑ 結婚しても共働きがスタンダード

☑ いったん辞めてしまうと“100万円の女”に

☑ 生活費を抑えられて貯蓄スピードアップ！

別にお金持ちじゃなくてもいいんです

# 私たち、（お金的には）こんな人と結婚したい！

**生鮮食品の価格を知っている**

外食ばっかりの人よりは、自炊派のほうが堅実。卵の値段も知らないようじゃ、結婚生活が思いやられる。

**収入は平均くらいor少なめでもOK**

収入が多いに越したことはないけれど、それ以上に大切なのが貯められる人かどうか。年収だけで判断しないで。

**彼女（私）に対してケチじゃない**

自分に対してのケチはOKでも、他人にもケチは大問題。日頃から彼の行動パターンをよく観察してみよう。

**借金をしていない**

結婚してから彼の借金が発覚するというのは最悪のパターン。ぜひ付き合っているあいだに聞いておこう。

**趣味には多少お金を使って楽しんでいる**

浪費家も困るけれど、節約一辺倒もちょっと窮屈。趣味を持っていて、人生を楽しむ気持ちを忘れない人がいい。

**身の丈に合った部屋に住んでいる**

家の物件選びにはその人の価値観がよく表れるもの。やたらとバブリーで家賃の高い部屋に住んでいたら要注意かも？

**飲み会は毎回ではなく、ほどほどに参加**

人付き合いは大切だけれど、「飲み会も仕事のうちだから」とばかりに毎晩のように飲み歩くのは困りもの。

**積立で貯金している**

将来のためにコツコツと積立できている人なら、かなり高得点！　お金の貯め方を知っているという意味でも頼もしい。

# 「お金の話ができる相手」が理想です

結婚相手として（お金的に）理想なのは、「金銭感覚がきちんとしていて、他人に対してケチじゃない人」。さらに、結婚はお金的におトクではあるけれど、今の時代は共働きが大前提ということもわかったはず。

「いざ結婚を決めたら、お金についてオープンに話し合うことも忘れないで」

共働きのほうが貯蓄しやすいとはいえ、「2人で働いているんだから」という油断や夫婦間のコミュニケーション不足から、フタを開けてみたら思ったより貯蓄ができていない夫婦も多いのだとか。

「お金に関しては（もちろんそれ以外についても）、カップル間の意思の疎通はとても大事です。**まずは、お互いの現在の貯蓄額や毎月積立している額などを共有する**こと。貯蓄額を聞くなんてプライバシーの侵害では？　と思う人もいるようですが、これから夫婦になる相手なら必要なこと。プライバシーの侵害ではありませんよ」

結婚してからも、子どもの教育費、住宅費など夫婦で話し合って決めていくことはたくさん。**何でも話し合える関係でいることは、仲のいい夫婦でいるために必須**なのだ。

次ページのチェックリストにあげた項目は、彼だけではなく2人で心がけたいこと。堅実な金銭感覚をしっかりと持って、お互いを尊重しつつオープンな関係でいられる夫婦を目指そう！

**POINT**

**実は理想は「三低男子」**

若い世代には「何のこと？」という話かもしれませんが、バブルの頃、理想の結婚相手は「三高（高収入、高学歴、高身長）」といわれてました。「今どきの理想は『三低』。低姿勢＝家族に威張らない。低依存＝家事・育児を妻に任せきりにしない。低リスク＝コミュニケーション能力やスキルが高くリストラされにくい」。夫選びの参考に！

## お金が貯まる夫婦になるには

- ☑ お金の話はもちろん、なんでも話し合って決める
- ☑ 金銭感覚やお金の使い方が同じ
- ☑ 夫も妻も、身の回りのことや家事を自分でできる
- ☑ 積立貯蓄をしている
- ☑ 未経験のことをするときは本やネットでよく調べる
- ☑ 新製品に飛びつかない
- ☑ 夫が「働く妻」を好き
- ☑ 親の意見をうのみにしない
- ☑ 車の所有は当たり前じゃない
- ☑ 専業主婦／主夫になるのはよく考えてから
- ☑ 大手生保の高い保険に注意
- ☑ 子どもの教育費は相応に

**チェックすべきは収入よりも「金銭感覚」！**

**（あとは、思いやりと相性と）**

PART.6

# そもそも保険って女性に必要？

## —大人になったら保険に入……らない時代？—

# 「保険は貯蓄じゃない、が常識でした」

深田×心配ちゃん対談

**心配ちゃん** 保険のことで迷ってます。生命保険に入っているんですけど、けっこう月々の負担が大きいなって……。

**深田** 毎月いくら払っているの?

**心配ちゃん** 夫婦合わせて2万5000円くらいです。

**深田** それは高い! すぐ解約しましょう。

**心配ちゃん** 解約!?

**深田** 心配ちゃんは結婚しているけれど、お子さんはいないのよね? だったら、今、必要なのは高額な死亡保障のついた生命保険じゃなく、掛け捨ての医療保険、もしくはがん保険。月々3000円程度のもので十分。

**心配ちゃん** 掛け捨てって、損な気がしていたんですけど。

**深田** いいえ、必要最小限の保障を選んで、掛け捨ての保険に加入するのはいちばん損がない方法なんです。不要な保険に高いお金を払い続けているほうがよっぽどもったいないわ。

**心配ちゃん** でも万が一、何かあったらと思うと、つい保障をいろいろ追加して手厚くしてしまうんです。

**深田** その〝万が一〟が、病気やけがだとしたら、高額な医療費を負担しなくてもいいように補助してくれる公的な制度もあるし、貯蓄があれば民間の保険に入っていなくてもカバーできるのよ。

**心配ちゃん** そうなんですか?

**深田** 医療保険は、貯蓄が１００万円に満たないときにお金が貯まるまでのつなぎとして入るならアリ。生命保険は、子どもがいる人にかぎり、社会人になるまでの期間限定で加入するといいでしょう。

**心配ちゃん** じゃあ、生命保険は解約しようかなぁ。うちの場合、保険を見直して、医療保険だけにすると、年間20万円以上も貯蓄が増える!

**深田** その通り。なぜか女性って、必要な保険には入っていなくて、不要な保険にばかり入りがちなんです。親の言うことをよく聞くからなのかな?

**心配ちゃん** 親の言うことは聞かないほうがいいんですか?

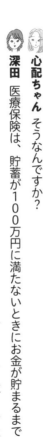

**深田** 保険や貯金に関しては、ね。今は親世代が若かった頃とあまりにも経済の環境が違うから、親がよかれと思って勧めてくれるものが、必ずしもいい商品とは限らないの。

**心配ちゃん** 貯蓄にもなるタイプの保険？ に入れって言われてます。

**深田** それ、典型ですよ。昔は金利が高かったから、貯蓄型の保険でお金を増やすことができて、〝保険で貯蓄〟をする人も多かったんです。でも、今はすごく金利が低いからお得じゃありません。途中で解約したら、むしろ損してしまう。

**心配ちゃん** やだ～、お母さんの情報はめちゃくちゃ古いってことですね。保険と貯蓄を兼ねるなんて一石二鳥なのかなって思ってたんですけど、鵜呑みにしなくてよかった。

**深田** 同じ理由で、「個人年金保険」も不要です（P167参照）。もし老後のためのお金を積立するなら、今の時代はｉＤｅＣｏやつみたてＮＩＳＡ（P144～参照）がおすすめよ。

**心配ちゃん** 保険は保険、貯蓄は貯蓄。老後用には別ですね！

# “あるある”カン違い

## 貯金のつもりで保険、入ってます♪

↓

### 親の時代と違って今は保険でお金は増えません

低金利だと貯蓄型保険は不利。保障は保険、貯蓄は貯蓄と分けて考えましょう。

## とりあえず大手の保険を選べば安心よね？

↓

### タレントのCMイメージに惑わされないで

保険に関しては、「いい商品＝有名な商品」というわけじゃありません。

## 老後のために年金保険を検討してるんだけど……

↓

### 超低金利なので年金保険は不利です！

20～30代の女性が、老後に備えるなら、保険以外の商品で。

## 一度入ったら、途中で解約すると損って本当？

↓

### 不要な保険料を払続けるよりはマシと考えて

たしかに損ですが、いらないものを買い続けるのはもっと損を増やすだけです。

# 女性の人生と保険

いつ何が必要? ライフイベントで考える

## 就職 社会人になったら入るべき?

「就職して、真っ先にすべきは"貯蓄"です」と深田さん。すでに100万円以上の貯蓄があるなら、急いで保険に加入する必要はないそう。「貯蓄がない人は、100万円貯まるまでの繋ぎとして、医療保険に入ってもいいと思います」

女子の保険その1

### 医療保険

保険の第一歩はここから

病気（がんを含む）になった場合の入院・手術にかかる費用を保障するのが一般的な医療保険。医療費については公的制度（詳しくはP120を参照）もあるので、多額の保障は不要。月々2000円～の掛け捨てのものに入りましょう。あれこれ特約のついたものを勧められることがあるので、保険ショップや知人に相談せず、自分で決めたものにネットで加入するのがおすすめ。

〈 選ぶときのPOINT 〉

- ☑ ネットで入るのがベター
- ☑ 月々2000円～くらい
- ☑ 窓口などで相談しない

たとえば こんな商品!

**新CURE**（オリックス生命）

| | |
|---|---|
| 月払い保険料 | 2723円(30歳女性の場合) |
| 病気、けがで入院した場合 | 1日5000円 |
| 手術を受けた場合 | 入院中10万円／外来2.5万円 |
| 通院給付金 | がん通院1日5000円 |
| がん一時金 | 50万円 |
| 先進医療給付金 | 通常2000万円まで |
| 先進医療一時金 | 先進医療給付金の10%相当額 |

※がん一時金は初回はがん診断、2回目以降はがん治療入院で支払い可。年1回まで。保険期間は終身で終身払い。がんは上皮内新生物を含む。

## ひとり暮らし 自立したときに考えたい

「初めて聞く人も多いかもしれませんが、ぜひ加入してほしいのが個人賠償責任保険です」。この保険は一つの契約で同居する家族全員分がカバーされるので、実家暮らしの場合は、親が入っている保険に特約が付いていればOK。

女子の保険その2

### 個人賠償責任保険

人生のお守り的保険

日常生活のなかで、誰かに損害を与えてしまったときの賠償金を補償してくれる保険。家の賃貸契約時などに入る火災保険や、クレジットカード経由の保険に特約として付加できます。年間1000～2000円の保険料で、補償の限度額1億円程度が目安。自分ではとても支払えないようなお金が必要になる事態に備えましょう。

〈 選ぶときのPOINT 〉

- ☑ クレジットカード経由もアリ
- ☑ 1年分で1000～2000円程度
- ☑ 1事故の限度額は1億円が目安

たとえば こんなときに!

- ・自転車で相手にけがをさせた
- ・水漏れで階下の部屋が水浸しに
- ・ペットが人をかんだ　など

# 結婚 実は保険には関係ありません

結婚は人生の節目。生命保険を勧められたり、夫婦で検討する人も多いのでは。でも「結婚したからといって生命保険に加入する必要はありません」。子どもができるまでは、独身時代に加入した医療保険かがん保険を継続でOK。

貯金が100万円貯まったら

女子の保険その3

## がん保険

### 誰もが検討すべき保険です

その１で説明したとおり、医療保険の給付対象になるのは入院・手術費用。がんの治療のための通院費は医療保険では賄えません。30歳を過ぎてある程度の貯蓄ができてきたら、医療保険を卒業してがん保険を検討してみましょう。

➡ 詳しくはP122に

**Q 妊娠中は医療保険に入りにくいって本当？**

**A 本当です。検討するならぜひ妊娠する前に**

妊娠中は入院するリスクが高く、一般的な医療保険には入りにくい。医療保険の必要性を感じるなら、妊娠する前に加入しておくこと。ただし、出産は病気ではないので、正常分娩は医療保険の給付対象外です。

---

# 出産 守るべきものができたなら

「子どものいない人は基本的に生命保険に入る必要はありませんが、子どもができたら社会人になるまでの間は死亡保障が必要です」。掛け捨てにして10年ごとに見直し、保険料は最小限に。並行して貯蓄もできるようにしよう。

女子の保険その4

## 生命保険

### 子どもがいる人は必要！

生命保険と医療保険の違いは、死亡保障の有無。生命保険に加入していると、もしも自分が死亡した場合に家族がまとまった金額を受け取れます。まずは掛け捨て10年定期で（10年後に保障内容を見直せる）、子ども１人当たりと配偶者それぞれが保険金額1000万円を受け取れるように設定を。子どもが２人いても月々の保険料は2000円弱になります（左図参照）。

〈 選ぶときのPOINT 〉

- ☑ 子どもができたら加入を検討
- ☑ 死亡保障は子1人につき1000万円
- ☑ 掛け捨ての10年定期タイプ

たとえば こんな商品！

**アクサダイレクトの定期保険2**
（アクサダイレクト生命）

死亡・高度障害保険金額／月払い保険料（30歳女性の場合）

| | |
|---|---|
| 1000万 | 830円 |
| 2000万 | 1410円 |
| 3000万 | 1990円 |

※保険期間・保険料払込期間は10年。

**Q 学資保険を親に勧められました**

**A 昔と事情が変わってきています。今は必ず入るべきものではありません**

学資保険は、子どもの学費のために積み立てる貯蓄型保険。親世代が子育てしていた高金利の頃には、子どもができたら学資保険に入るのが鉄板だったけれど、超低金利の今では、あまり有利な商品とは言えません。

※上記の保険以外でも、自動車を運転する人は自動車保険、マイホームを購入した人、賃貸に住んでいる人は火災保険や地震保険、海外旅行に行くときは海外旅行保険（P128参照）など、その人の事情次第で保障内容を考慮しましょう。

## ライフステージに応じて、その時に必要な保険を選んで

「私もそろそろ保険に入った方がいいのかも」と考えているそこのあなた！
まず、その理由をクリアにすることから始めてみましょう。

A…万が一のため
B…一生独身かもしれないから
C…親に言われたから
D…なんとなく

この4つ、実は、どれも不正解です。そもそも保険とは、お金のかかる困りごとが起きたときに、貯金では足りない分を補うためのもの。たくさん貯金があったり、国の制度で賄えるケース（Ｐ１２０を参照）であれば、必ずしも民間の保険に入っていなくても大丈夫。自分のライフステージによって、今は何のための保険が必要なのか、目的をはっきりさせて選びましょう。

**保険だって「卒業」できる。一生モノとは思わないで**

20〜30代なら、病気に備える貯金がない（→女子の保険その1）、他人への損害賠償（→女子の保険その2）、子どもが生まれた（→女子の保険その4）などが当てはまるのでは？

病気に備えた貯金ができたら1は卒業し、二人暮らしになったら2は夫婦で一つの保険に。子どもが社会人になれば4も卒業できるわけです。

ただ、30歳を過ぎたら検討してほしいのが、がん保険（→女子の保険その3）。これは、卒業しなくてもいい保険なので、ずっと払い続けられる無理のない保険料のものにしておきましょう。

がん保険に限らずどの保険も、**月々の保険料をできるだけ抑えて、貯蓄しながら支払える金額にする**ことが大切。「よくわからないけど不安だから！」と特約などのオプションをやたらとつけたり、いくつもの保険に加入するのはお金の無駄遣い。きちんと必要な保険料だけを支払った人と、あまり考えずに無駄な保険料まで払い続けた人とでは、生涯で数百万〜1000万円以上もの差が出るのです。

## 不要な商品に手を出さない！　無料相談に気をつけよう

もう一つのポイントは、販売員などに**相談せずに自分で決めた商品だけを買う**こと。セールストークに弱い人なら、ネットで買うにかぎります。無料相談をうたう保険ショップなどの窓口は、〝販売ありき〟。あくまでも保険会社が商品を売るための場所だということを忘れないでくださいね。

**POINT**

**たくさんCMをやっているもの**
**＝いい商品とは限りません**

保険のように一見わかりにくいものほど、CMのイメージに頼りたくなる気持ちはわかります。でも、保険（や金融商品）は必ずしも、「売れているもの＝いいもの」ではないのです。私の持論では、「売り手が本気で売ろうとしている→結果、売れている」もの。CMのイメージに惑わされず、コストや内容を自分で確認して比べてみるひと手間が大切です。

2人に1人ががんになる時代!?

# 女性がこれから検討すべきは「がん保険」

## まずは公的制度を活用しよう!

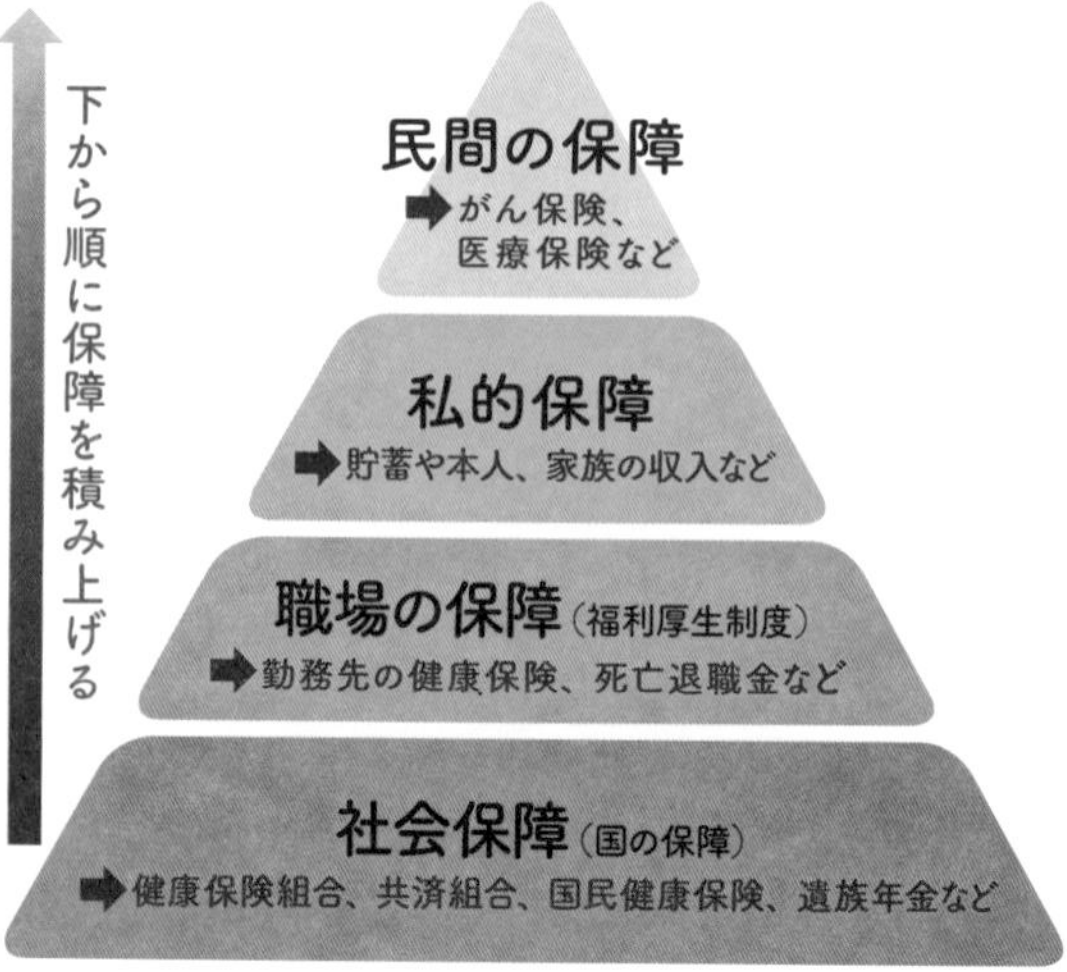


会社員ならこれも使える

### 「傷病手当金」!

病気やけがで会社を３日以上続けて休んだ場合、４日目から最長１年半のあいだ、休んだ日に対して傷病手当金が支給される。１日の支給額は、各種手当を含む月収÷30×３分の２。国民健康保険には、この制度はない。

私たちには

### 「高額療養費制度」がある

１ヵ月の医療費が一定額を超えた場合、限度額を超えた分が後から払い戻される制度（限度額は左の表を参照）。入院前に「限度額適用認定証」を申請しておけば、立て替えも不要になり、窓口で払う分が限度額までですむ。

STEP

# 1 保険に入る前にすべきことは？

## 高額な医療費も、実質負担は月6〜10万円

「私たちが病院の窓口で払っているのは、実際にかかった医療費の3割。ありがたいことに、健康保険制度で医療費の多くがカバーされているんです」。でも、病気で入院・手術したら、3割といってもかなりの金額になるのでは？「それも安心して。健康保険には高額療養費制度があります。これを使えば、年収370万円以下の人なら1ヵ月の医療費は6万円程度、370〜770万円までの人は10万円程度の負担が上限になるんですよ」。

さらに会社員なら、傷病手当金や有給休暇も活用できる。

### 実際のところ、どのくらい払うの？

（高額療養費制度による1ヵ月あたりの自己負担限度額）

| 年収の目安 | 自己負担限度額 |
| --- | --- |
| 約770〜1160万円（標報　約53〜79万円） | 16万7400円＋（医療費－55万8000円）×１％ |
| 約370〜770万円（標報　約28〜50万円） | 8万100円＋（医療費－26万7000円）×１％ |
| 約370万円未満（標報　28万円未満） | 5万7600円 |

※「標報」……標準報酬月額のこと。額面の月収のことを言います。

「年収約350万円の私が医療費に**100万円**かかっても……」

病院窓口では **30万円**（3割）をいったん支払う → **24万2400円**が後日戻ってくる ＝ 実際に払ったのは「**5万7600円**」だけ！

STEP 2

# 保険内容はどうやって決める？

## 何が必要なのかわかりません。がん保険の「これだけ」知識

なぜ、「がん保険」が必要なの？

「医療保険は入院と手術をしたときにお金がもらえるもの。がんの治療は手術だけではなく、通院で抗がん剤、放射線治療、ホルモン療法をします。近年は入院日数が減っている一方で、通院が長期にわたることも多く、医療保険ではカバーできないんです」。どんなタイプのがんにかかるかは予測できませんが、治療費がかさむケースに備えるためにも、がん保険は検討に値すると言えそうです。「まとまったお金が受け取れるがん診断給付金があれば通院治療費もカバーできます」。

### 入院給付金に迷ったら……**自分の入院リスク度**をチェック！

リスク 高い ↑

- シングルでフリーランスの人
- シングルで派遣社員の人
- ひとり暮らしの人
- 正社員の人
- 公務員の人
- 健保組合の健康保険証の人
- 配偶者がいる人

リスク 低い ↓

入院によって仕事を休んだとき、経済的に困る可能性の高い人や貯蓄が少なめの人、ひとり暮らしの人は入院給付金が必要。反対に、傷病手当金の出る正社員や、配偶者のいる人などは必要性が低くなる。

ちなみに……

**入院日数は半数以上が10日以内！**

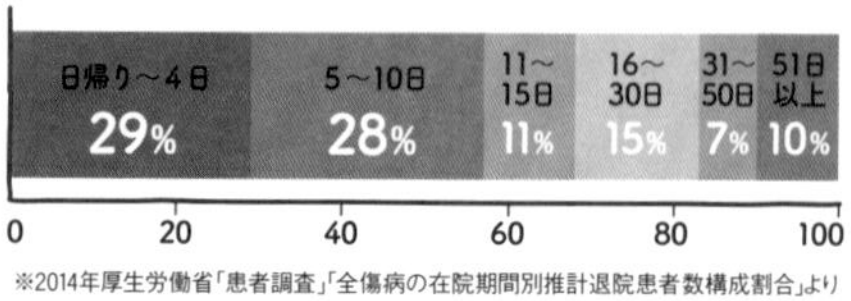


※2014年厚生労働省「患者調査」「全傷病の在院期間別推計退院患者数構成割合」より

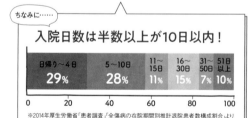

STEP 3

# 保険を選ぶポイントは？

## がん保険に卒業なし！長くつきあえる「いい保険」とは

がんになる心配がなくなるということはありません。

「がん保険はずっと払い続けるものだから、保険料が高すぎる商品は除外。毎月保険料を払いながら、貯蓄もできる金額が目安になります」。30代女性ならば保険料は月々3000円ほどのものを。診断給付金が50～100万円で、入院・手術に加え、通院での治療もカバーできることが条件。また、がん保険には「A・がんのみが対象のもの」と、「B・上皮内新生物（がんが深いところまで広がっていない状態）も対象のもの」があり、それも保険料の差になる。下記おすすめ保険はどちらでも同じ保障です。

### （ がん保険を選ぶポイント ）

- ☑ 30代女性なら月々3000円くらいの保険料
- ☑ 診断給付金は必須。通院治療もカバーする
- ☑ 上皮内新生物も給付の対象になる

たとえば こんな商品！

**チューリッヒ生命 終身ガン治療保険プレミアムDX**
（インターネット加入）

| | |
|---|---|
| 月払い保険料 | 月2341円（30歳女性・保険料払い込み終身タイプ・クレジットカード支払い） |
| 放射線治療給付金 | 月額10万円 |
| 抗がん剤・ホルモン剤治療給付金 | 月額10万円 |
| 自由診療抗がん剤・自由診療ホルモン剤治療給付金 | 月額20万円 |
| ガン診断給付金 | 一時金50万円（悪性・上皮内ともに50万円） |
| ガン入院給付金 | 1日5千円 |
| ガン手術給付金 | 所定の手術で1回10万円 |
| ガン先進医療給付金 | ガン先進医療の技術料の実費、通算2000万円まで。先進医療の療養1回につき15万円 |
| 悪性新生物保険料払い込み免除特約 | 以後の保険料の払い込みが免除 |

何がわからないのかもわかりません！

# 保険そもそもQ&A

## Q そもそも……保険ってどうやって入るの？

## A ネットで加入できます。無料相談の窓口は要注意！

保険はネットで申し込めます。前ページまでで紹介した保険も、ネットで入れるもの。そのメリットは、なんといっても保険料が安いこと。販売などのコストが抑えられているので、同じような商品でも安く提供できるのです。無料相談できる保険ショップの窓口へ行くと、ひとつずつは高くないけどたくさんの種類の保険を勧められ、トータルの保険料が高額になってしまうことも。保険は、人に相談しないでネットで入るのが鉄則！

## Q 貯蓄型の保険があるって聞きました。貯金と保険を兼ねるなんて、一石二鳥？

## A 今の低金利時代、おすすめしません！

貯蓄型なんて聞くと、保険なのに貯蓄もできて、なんだかよさそうと思ってしまうかもしれないけど、これは〝買ってはいけない〟商品。超低金利の今は保険でお金は増えません。金利が高かった親の時代とは違うことを覚えておいて。個人年金保険も、この貯蓄型の一つ。すでに加入してしまった人は、解約を検討するのもアリだと思います。

## Q 掛け捨ての保険って、やっぱり損？

## A 保険料の差で一目瞭然！掛け捨てがお得です

掛け捨ての保険は、損ではありません。掛け捨てでない保険の保険料は、右にあるようにものすごく高く、少ない保険料で大きな保障を確保するなら掛け捨ての圧勝です。今まで解説したように、保険はライフステージなどに応じて卒業するもの。掛け捨てで、必要な期間だけ必要最小限の保障を選ぶ。それが賢い入り方です。

たとえば……

**30歳の女性が
死亡保障1000万円の
生命保険に入ったら？**

**掛け捨ての場合**

↓

830円／月

**終身の場合**

↓

1万2620円／月

※アクサダイレクト生命の例。
掛け捨ては「定期保険2」。

## Q 親に「個人年金保険」というのを勧められたんだけど、入ってOK？

## A ちょっと待って！ それは60歳まで使えないお金です

個人年金は、民間の保険会社を通して老後のお金を積み立てるもの。金利が高かった親世代にとっては〝いい商品〟というイメージがあるのでしょうけれど、低金利の今、個人年金保険に入るメリットはありません。60歳まで使うことができないお金を無理して積み立てる必要があるのかどうかも考えてみて。保険については、親世代の常識は今の非常識。聞き流しておきましょう。

## Q ネットのランキングを参考にして保険を選んでもいい？

## A 同じような保障でも、商品ごとに内容が違うので鵜呑みにしない

ネット上には保険ランキングが載っていて、そのページからワンクリックで見積もりページに飛ぶことができるようになっていたりします。でも、同じ会社の同じ名称の保険でも、細かい保障内容はさまざま。ちょっと面倒でも、個別にしっかりと比較して、自分に必要な保障だけを選びましょう。ランキングは鵜呑みにせず、参考程度に眺めてみては。

## Q 会社の「労災」と「健康保険」の違いがよくわかりません～

## A 仕事中のけがなどは、健保ではなく労災で保障されます

仕事中に負ったけがなどに対しては、労働者災害補償保険（労災）から治療費・生活費などの補償を受けられます。通勤中のけがも含まれるので、オフィス勤務の人でも労災を申請することがあるかもしれません。ただし、通勤の定義は「住居（自宅）」と「就業場所（会社）」の区間の往復とされるので、彼の家から出社した場合は労災と認められません。気をつけましょう！

## Q 加入している保険をやめたいけど、せっかくだから続けるべき？

## A いらないものを買い続けている状態。それこそが損です

貯蓄型の個人年金保険など途中で解約すると元本割れしてしまう（すでに払った分の一部は戻ってこない）保険もあります。でも、余計な出費だとわかっていてこの先ずっと払い続けたら、もっと損ですよね？　保険は長い目で見るととても高額な買い物。今、元本割れで少し損したとしても、すぐに解約したほうがお得です。

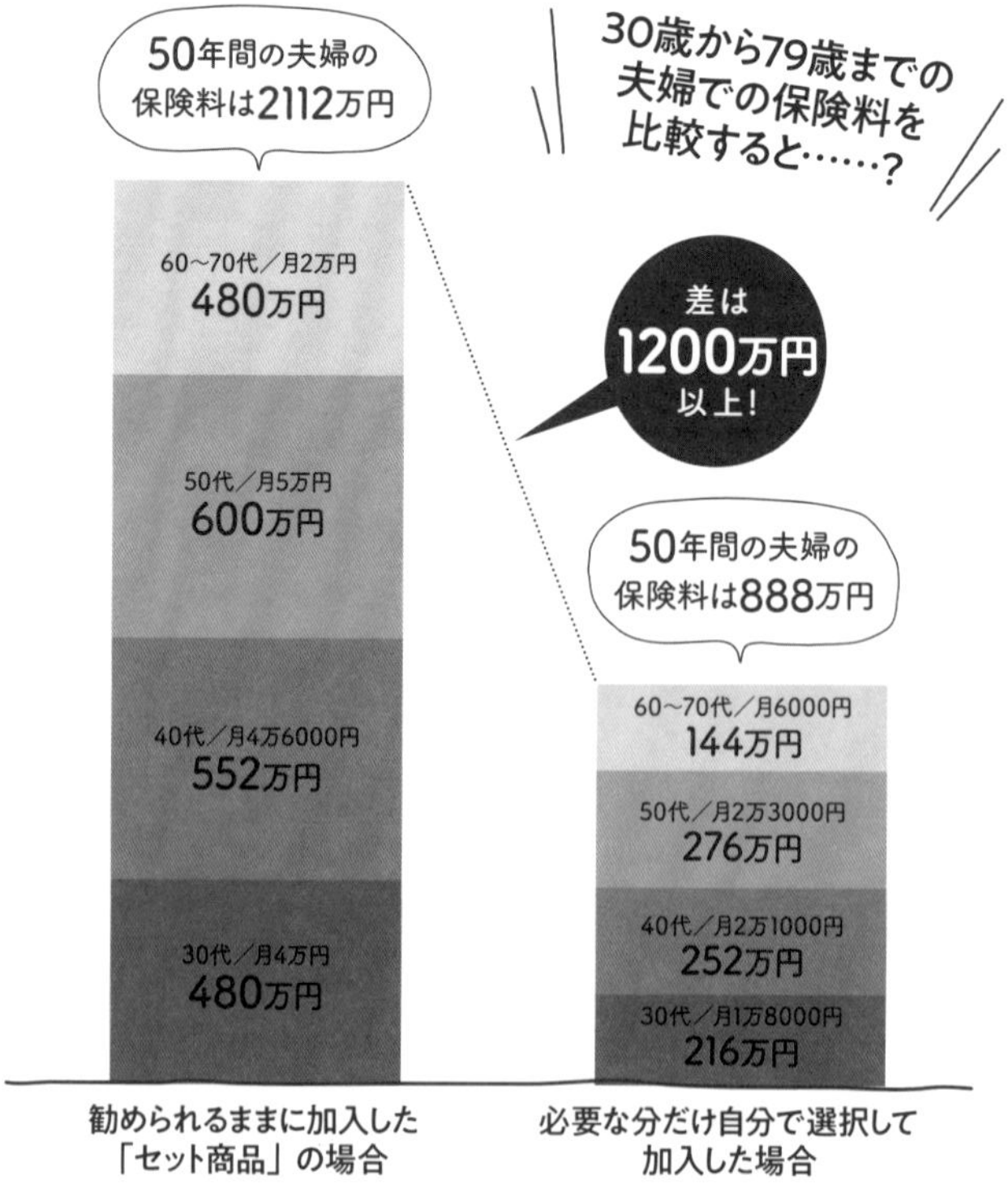


※子どもが2人いる夫婦の合計保険料。

## 保険に入るときに確認したいこと

- 保障内容は自分の目的に合っているか
- どんなときに保険金や給付金が受け取れるのか
（受け取れないのはどんなときか）
- 受け取れる保険金や給付金の額はいくらか
- 保険料を払い込む期間はいつからいつまでか
- 保障される期間はいつからいつまでか
- 保険の申し込み手続きの際に、
保険会社からの告知が正しく行われたか
- 妊娠中は保険に入りにくいので
加入するなら妊娠前か出産後に
- 健保組合に加入しているなら
付加給付の内容を知ろう

**自分が理解して納得できないものには入らない！**

これも知りたい！

# 海外旅行保険

## 入らないなんてありえません！

旅の準備といえば、パスポートに航空券に水着……ちょっと待った！
海外旅行保険は申し込んだ？ 盲点だけど、かなり重要な準備のひとつです。
次の休みに海外旅行の予定がある人、必読！

次の休みに海外旅行の予定を立てて、ワクワクしている人も多いのでは？ 旅立つ前には、海外旅行保険に入るのを忘れないで。「えっと、たしかクレジットカードに付いているはずだから、私は入らなくて大丈夫」なんて考えていませんか？ カード付帯の保険では補償内容が手薄なのです。年会費が数千円のカードなら、治療費は１００万円程度。医療費の高いアメリカなどで入院でもすることになれば、とても足りません。ゴールドカードだとしても十分ではないと考えて。

旅行に行くたびに海外旅行保険に入りましょう。お勧めは、ネットで入れる保険会社直販の商品。自分で保障内容を選ぶオーダーメイドプランにします。契約後にポケットガイドが送られてくるので、旅先でそれを持ち歩いていれば、いざという時の連絡先がすぐにわかります。どこに連絡すべきかとっさにわからなければ、保険の意味がないですよね？ 私の経験では、医療通訳サービスが付いていたのもとても助かりました。

保険料は２０００円くらいで十分カバーできます。ぜひ、旅行前にはネットで保険に入ってから、安心して楽しい旅を！

オーダーメイドプランの例

## ハワイ3泊5日旅行の場合

「新・海外旅行保険off！」(損保ジャパン日本興亜)

| | |
|---|---|
| 傷害死亡・後遺障害 | 1000万円 |
| 治療費用 | 1500万円 |
| 賠償責任 | 1億円 |
| 携行品損害 | 20万円 |
| 救援者費用 | 2000万円 |
| 航空機寄託手荷物遅延等費用 | 10万円 |

➡ **保険料 1900円（1人分）**

さらに+1

スマホからイベントに合わせて入れる

## 「LINEほけん」って？

海外旅行のほかにも、国内旅やアウトドア、スポーツ、飲み会など、保険があると安心なシーンって意外と多いもの。「LINEほけん」は、スマホから登録して手軽に買える、いわばプチ保険。決済にはLINE Payを使います。59種類のラインアップがあり、保険料はほとんどが500円程度。

【 LINEほけんの例 】

・毎日がんばるわたしの保険
・キャンプ安心保険
・みんなでワイワイ飲み会保険
・ボランティア安心保険
・野外フェス安心保険 など

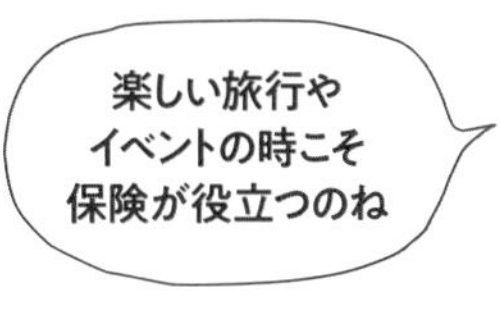
楽しい旅行や
イベントの時こそ
保険が役立つのね

## 「海外旅行保険」のまとめ

1 クレジットカード付帯の
保険だけでは不十分!

2 ネット保険のオーダーメイドプランで
無駄を省き、必要な保障を手厚く

3 「保険に入った」という実感があるからこそ、
とっさの時に使える&役立つ

4 医療通訳サービスの有無は意外な盲点

5 いざという時の連絡先がすぐわかる
ポケットガイドも便利

6 夫婦で行くなら「カップルプラン」が割安

PART.7

# お金を増やすのは貯金だけじゃダメですか？

―投資はもう大人女子の常識です？―

# 「そもそも投資するお金がありません」

深田×セッチー対談

**深田** 貯蓄は順調？

**セッチー** はい。毎月3万円積立していて、残ったお金でやりくりできています。もう1万円増やしてみようかなと思っているんです。

**深田** 素晴らしいわ。そうしたら、その1万円で投資を始めてみるのはどう？

**セッチー** え？　投資なんて、無理です！　怖いです！

**深田** 大丈夫よ。どうして投資は怖いって思うの？

**セッチー** やっぱり、失敗したらお金がなくなっちゃうのが怖いです。難しそうだから、知識がある人じゃないとできなさそう。

**深田** ギャンブルじゃないんだから、お金がゼロになってしまう心配はしなくていいのよ。

**セッチー** そうなんですか？　あ、でも、投資するには〝元手〟がいるって言いますよね。そもそも大金を持っていないからできません〜。

**深田** １００万円くらいはないと投資はできないって思い込んでいる人が多いんだけど、そんなことないの。というか、どんなお金持ちでも、最初から大金を投資につぎこむのはやってはいけないことなんです。

**セッチー** お金持ちでも？

**深田** 初めての投資でいきなり上手くいくことってなかなかないから、まとまったお金を投資したら、それこそ大きく損してしまう可能性も。

**セッチー** それなら、なおさら、私になんて無理なんじゃや……。

**深田** だから、積立投資でデビューするのがいいわ。

**セッチー** 積立投資？　貯金みたいに投資も積立できるんですか？

**深田** 毎月少しずつ投資をすることで、リスクを減らすことができるの。月1万円でも始められるし、いつ始めてもいいのよ。「つみたてＮＩＳＡ」という制度を知ってる？

**セッチー** 聞いたことはあるけど、よく知りません。

**深田** これは、セッチーさんのような初めて投資をする人にぴったりの制度。比較的、損をしにくい投資信託だけが対象になっていて、年間40万円まで

×20年、非課税で積立投資ができるのよ。

**セッチー** すでについていけてません！ 投資信託って何ですか？

**深田** いろいろな企業の株などがセットになった商品のこと。個別に株を買うのと違って、少ない金額で〝分散投資〟ができるの。

**セッチー** 非課税っていうのは？ ふつうは何に税金がかかるんですか？

**深田** 投資をして利益が出たら、その利益に対して約20％の税金がかかるの。投資で10万円増えたとしても、受け取れるのは約8万円ってこと。でも「つみたてＮＩＳＡ」なら税金がかからないから、10万円をまるっともらえちゃう。

**セッチー** それはお得ですね。なんで非課税なんだろう？ なにか裏があるんじゃないですか？

**深田** なかなか鋭いわね。べつに裏はないけど、こういう制度ができた背景には、「みんなもっと投資をして！」という国の思惑があるの。

**セッチー** どういうことですか？

**深田** 今は超低金利の時代だから、銀行に貯金しておくだけではお金が増えないでしょう？ 少子高齢化で、老後にもらえる年金だって少なくなるかもしれない。だからみんなが自分の力でお金を増やす必要があるの。

**セッチー**　……辛いですね。

**深田**　そこで、今まで投資をしたことがなかった人も始められるように、損をしにくい商品を選んで、少額から積立できるようにして、期間限定で税金も免除して、投資を促しているってわけ。

**セッチー**　うーん、わかるような、わからないような。

**深田**　話だけ聞いていてもピンとこないでしょうから、実際にやってみることがいちばん勉強になるはず。まずは「つみたてNISA」の口座を開設して、月1万円だけ積立投資をしてみましょう。

**セッチー**　わかりました。私、「つみたてNISA」始めます！

# 余裕があるときもあれば、無理なときも！ お金の「貯めどき」っていつですか？

## 〝そのうち〟なんて言っていたらいつになっても貯められません！

今回はちょっとレベルアップして投資のお話。働いて収入を得ていれば立派な大人なのですから、投資デビューするのに早すぎるなんてことはありません。でも、もちろん投資にはリスクもともないますから、誰でも、どんなときでも投資すればいいというものではないですよ。目的に応じて、貯金で備えるべきお金もあれば、投資してみてもいいお金も。両方をうまく組み合わせながら貯めるのが賢い方法です。

目的別の貯め方についてはP138で解説していますが、まずは、いつ、何に備えて、どのくらいお金を貯めればいいのか？　ライフイベントとおおよその年齢ごとの貯蓄残高の推移をグラフで見てみましょう。

大きな出費があるタイミングや、収入がダウンして貯金を増やしにくい時期というのは、ある程度予測できますよね。それと同時に、「貯めどき」も見えてくるのです。

たとえば育休、時短勤務のあいだは収入がダウンするのに、そこからは日々子どもにかかるお金を払いつつ、大学などへの進学のためのお金をコツコツ貯めていかなければならないので、なかなか大変。こうしてみると、独身時代は最初の貯めどきだということがわかるはず。若いうちから「貯めグセ」をつけることが大切です。

## 貯蓄残高推移のイメージ

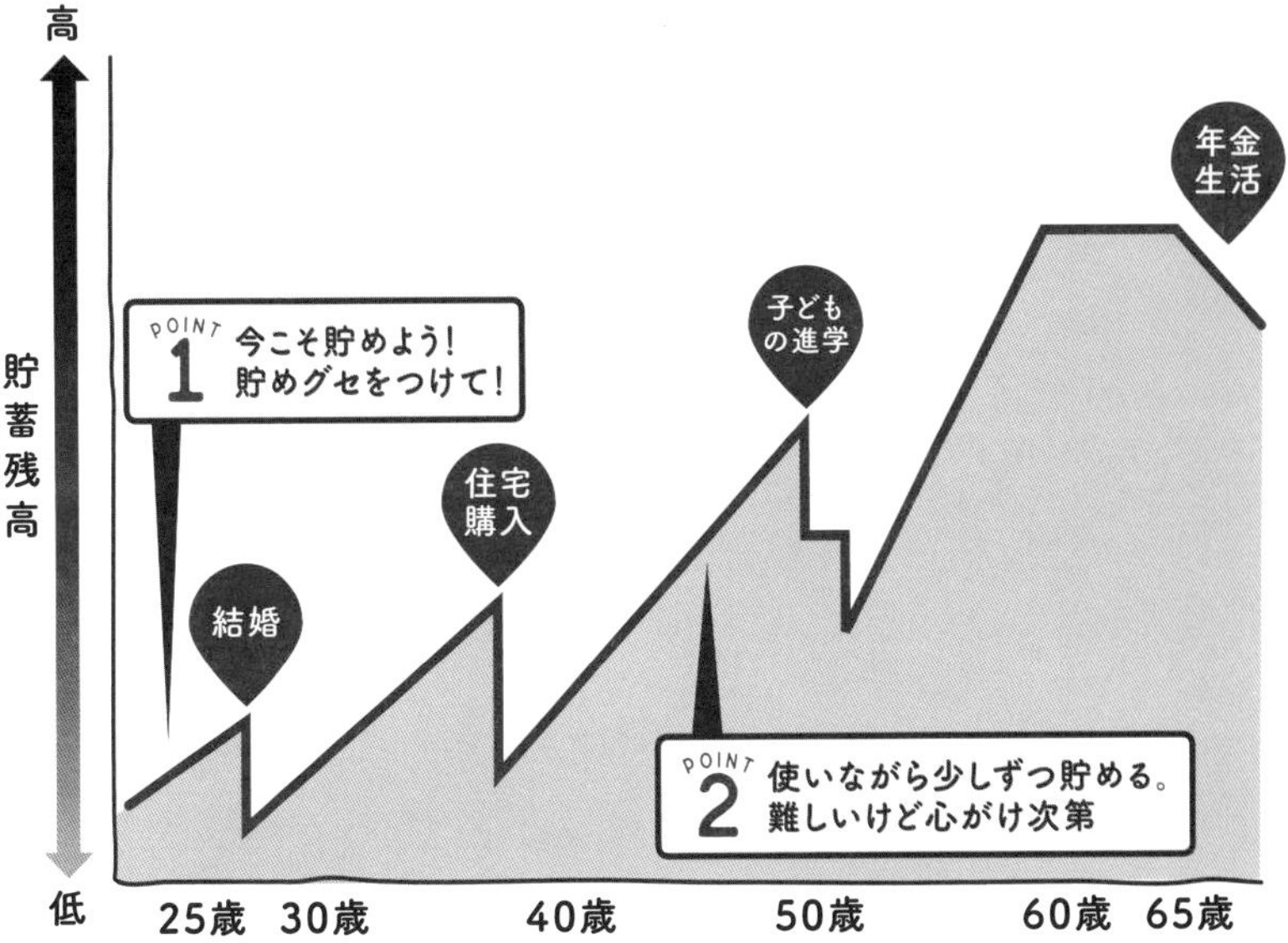


基本POINT ➡ **いざというときのために**
**最低限200万円は持っておこう**

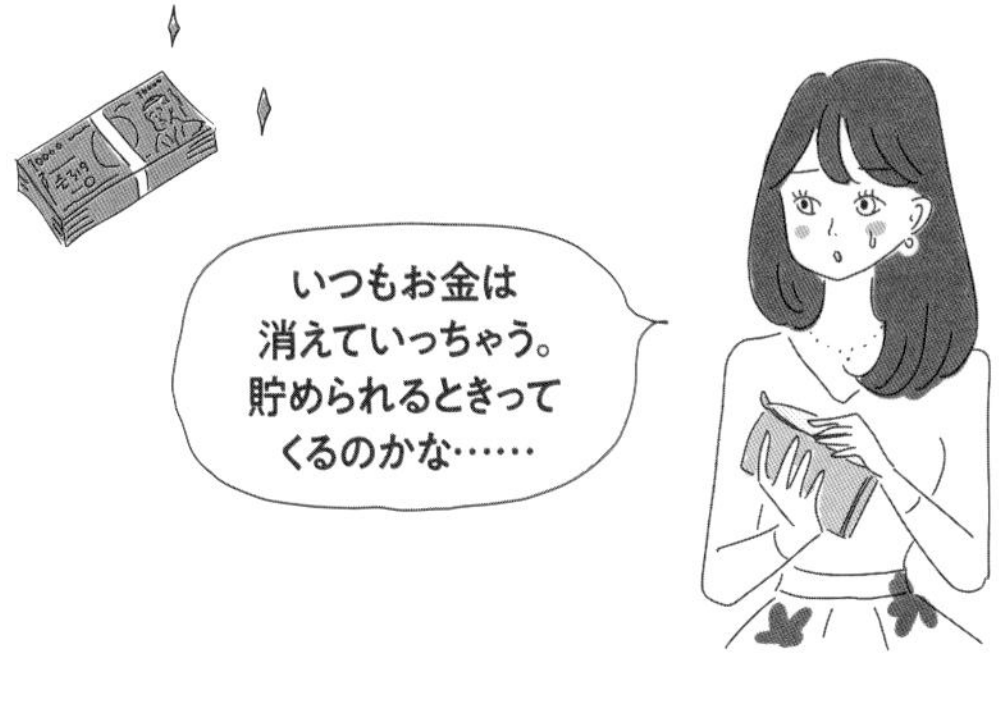

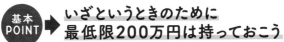

**使いたい時期：数年後（?）**

結婚

## 結婚費用を貯めたいなら

“元本確保重視”

○ **銀行の積立**

✕ **投資商品**

１年後なのか10年後なのか、結婚のタイミングは自分ひとりで決められるものではありません。結婚資金は必要になったときにすぐに引き出せることがポイントなので、銀行の積立用口座など、ふだんの生活費の口座とは別のところに貯めておきましょう。投資商品の場合、いざ結婚するときに値下がりしていたら、泣く泣く元本割れで現金化することになりかねません。

**使いたい時期：子ども誕生18年後**

子どもの進学

## 子どもの教育費を貯めたいなら

“元本確保重視、一部投資商品もアリ”

○ **財形貯蓄、銀行の積立、投資信託の積立。※学資保険は△**

✕ **個別株の投資**

使う時期と、金額の目安がわかっているものなので、元本が保証される貯め方をメインに。ただ、大学進学費用など、使う時期が10年以上先ならば、一部を投資信託の積立にまわして運用するのもあり。学資保険（子ども保険）は、超低金利政策のため、いまから新規加入すると元本割れになるものがほとんど。高金利だった頃のようなメリットはないので注意して。

使いたい時期：結婚3〜5年後

## 住宅購入 家を買いたいなら

“元本確保重視”

◯ 財形貯蓄、銀行の積立

✕ 投資商品

家を買うための貯蓄には、貯蓄残高550万円（財形年金とあわせて）までの利息が非課税になる「住宅財形」があるけれど、超低金利の今は、そのメリットがほとんどないので、いつでも引き出せる「一般財形」のほうがおすすめ。使う時期がある程度わかっていて、予算のあるものなので、投資商品は不向き。頭金が必要なときに値下がりしている可能性も。

使いたい時期：30年以上先〜

## 年金生活 老後のためのお金を貯めたいなら

“使用時期がかなり先なら収益性を狙う商品も”

◯ 財形貯蓄、銀行の積立、iDeCo、職場の積立年金、つみたてNISA

✕ 個人年金保険、外貨建て年金保険

老後はまだ先のこと。時間を味方にできるということは、お金の貯め方のバリエーションも広がるということ。財形や積立預金でもいいのですが、少額から積立できるタイプの投資で収益を狙ってみても。P144で説明するiDeCoやつみたてNISAといった制度があります。円建ての個人年金保険は低金利で収益性がなく、外貨建ての保険や年金は為替リスクが大きいので絶対にダメ！

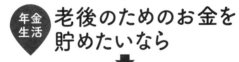

お金の運用はギャンブルではありません！

# 私たちが投資をしたほうがいい理由

「投資」のよくある誤解をみてみましょう

## 誤解 1

株、投資信託、債券に金……???

### 投資ってそもそも何？

投資とは、自分がお金を出した金額以上に増えて返ってくることを期待して（減る可能性もある）、金融商品にお金を投じること。一方、預けたお金が増えることはなく（現在の金利では）、減る心配もないのが預金です。

## 誤解 2

### 投資ってギャンブルでしょ。

株価が暴落したら一文ナシ!?

増える可能性もあれば、元本割れで損をすることもあります。投資にもいろいろあり、リスクが高いＦＸなどに手を出してはダメ。自分が許容できるリスクの範囲で運用すれば、大丈夫です。

## 誤解3

### 上がったり下がったり……24時間、相場をチェックするヒマとかないし

投資が本職の仕事ではないのだから、そんなに頻繁にチェックしなくても大丈夫。投資信託などは細かな値動きを気にせず、長い期間かけて積立することがリスクの分散にもなります。

## 誤解4

### お金がたくさんないとできないんじゃ？

投資というと、資産のある人がするイメージがあるかもしれませんが、月に数千円から始められるので、誰にでもできます。そうは言っても、貯金ゼロの人は、投資よりもまず貯金を優先！

## 誤解5

### も、もし儲かったら億万長者になれちゃう？？

宝くじやギャンブルではないので、そんな夢のようなことは起きません。逆に言えば、「ものすごく儲かった」という商品はリスクが高く危険！　絶対に避けること。仮想通貨などがその例です。

## 誰も教えてくれなかった！
# 投資をするホントの理由5

## 理由1 親世代とはお金を取り巻く環境が変わったから

下のグラフのとおり、30年前と現在とでは金利がこんなにも違います。昔は銀行に預けておくだけでもお金が増えていたということです。ところが今は超低金利。増えないどころか、目減りする可能性も。個人年金保険や学資保険も同じで、今の金利ではほとんど増えません。だからこそ、自分の責任で投資をして増やすしかないというわけです。

【長期金利の推移】

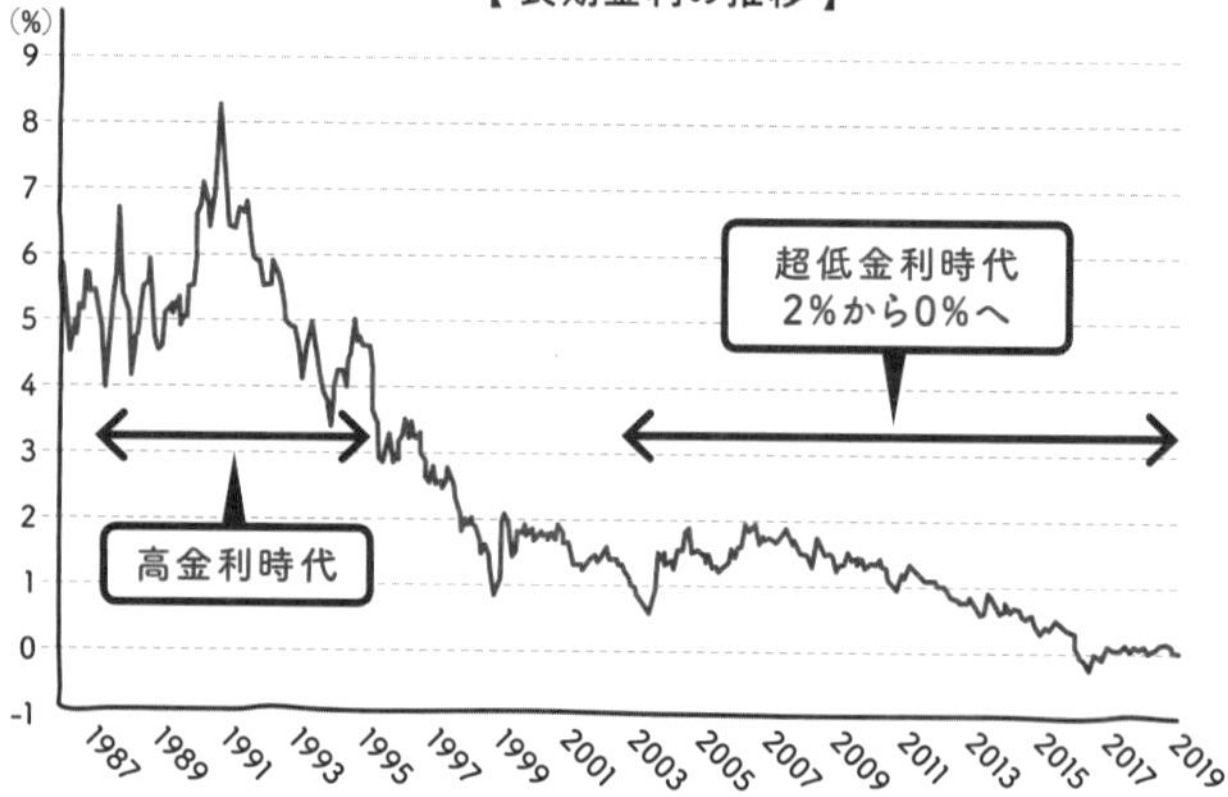


## 理由2 お金とつきあうための「道具」は多いほうがいいから

残念ながら、私たちの世代は、預貯金や貯蓄型保険だけで資産をつくるのはムリそう。でも、ため息ばかりついていても仕方ありません。投資の方法も知っていれば、お金を貯める・増やすことのバリエーションが広がります。貯金と投資のバランスをとりながらお金とつきあって。

## 理由 3 投資は練習しないと上手にならないから

失敗するのが怖いからと何もしなければ、いつまでたっても投資デビューはできません。お金を増やす力を身につけるには、「まずは練習」と割り切って始めてみるしかないのです。手数料の安いものを選ぶなど、大事なポイントを押さえつつ、少額から始めるのがいいでしょう。

## 理由 4 若いうちから始めたほうがいいから

時間は、投資の味方になってくれます。下のグラフで年数とともに利益が大きくなっているのは、元金＋収益の分も含めて再投資する仕組みがあるから。これを「複利」といいます。老後資金を貯めるのに投資が向いているのはそのため。若いうちから始められるということは、それだけで大きなメリットともいえるのです。

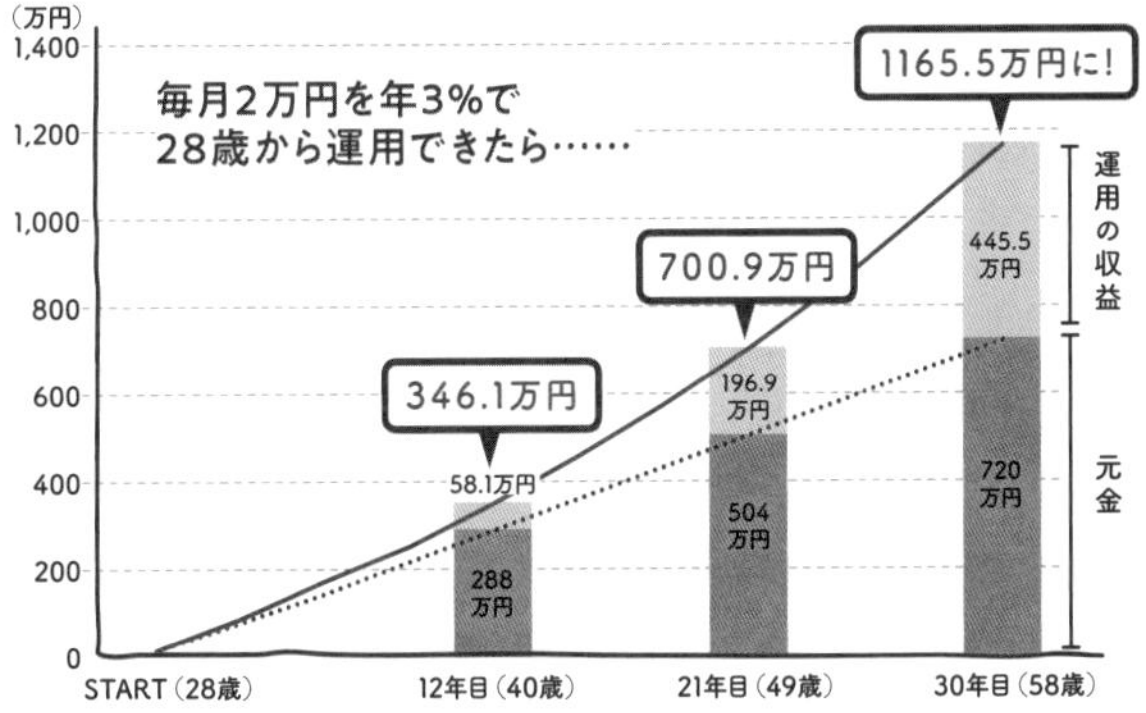


## 理由 5 だまされないために知っておいたほうがいいから

「投資の儲け話でだまされた！」なんて話を聞くと、怖くなりますよね。だまされやすいのは、今まで投資をしたことがなく、退職金など初めて手にした大金を、よく知りもしない金融商品につぎ込んでしまう人。〝ふつうの〟投資をしていて、相場を知っていれば、怪しい話に引っかかることはないはず。

今までスルーしてきたけど……

# 「iDeCo」と「つみたてNISA」って何なのか、まったくわかりません！

## 節税しながら貯められるお得な制度

iDeCoもつみたてNISAも、比較的新しくできた投資の枠組み。手軽に投資をしやすいように考えられていて、どちらも税の優遇があるのが大きなメリットです（老後のお金を自分でがんばって貯めて！　という国からのメッセージでもある）。投資をするときに、どの株や投資信託が値上がりするかを当てるのは無理ですが、こうした節税できる制度を利用したり、手数料を抑えることはできます。「手数料と税金は、もうけの足を引っ張る2大要素。侮ってはいけません！」。これから投資を始める人は、まずこの2つの制度を比べて検討してみましょう。

### （　簡単にまとめると……　）

- ☑ 節税効果がとにかく高い！
- ☑ 初心者の投資デビューにおすすめ
- ☑ 少ない額から始められる、資金作りの制度（つみたてNISA）
- ☑ 長期的に行うから老後の資金作りにぴったりなんです（iDeCo）
- ☑ どちらかでも両方でも始められます

## （ それぞれの特徴をみてみましょう ）

| | iDeCo（イデコ） | つみたてNISA（ニーサ） |
|---|---|---|
| ひとことで言うと | 老後のためにお金を貯めると税金が安くなる制度。正式名称は「個人型確定拠出年金」。 | 少額から始められ、税金優遇のある資金作りのための制度。通常、投資で得た利益にかかる約20％の税金がかからない。 |
| 利用できる人 | 20歳以上60歳未満の人すべて※ | 20歳以上の人なら誰でも |
| 年間の投資額の上限 | 働き方や勤務先の制度により異なる 14万4000円～27万6000円（会社員の場合） | 40万円 |
| 最低加入金額 | 5000円 | 1000円のところが多数 |
| 運用途中の引き出し | 原則60歳になるまで不可 | いつでも可能 |
| 投資商品の種類 | 定期預金、保険商品、投資信託 | 金融庁が定めた基準を満たす、手数料が安い投資信託など |
| 積立期間 | 60歳まで | 最長20年間 |

※ 国民年金保険料未納の人は加入不可。企業型確定拠出年金加入者は「マッチング拠出」がなく、規約に「iDeCoに加入できる」旨の記載がある場合、拠出限度額の引き下げを行えば、iDeCoに加入可能となる。

つみたてNISAの場合

## ☑投資で得た利益が丸もうけ！

通常、投資をしてお金が増えた場合、その利益の約20%が税金として取られてしまう。それが、つみたてNISAなら20年間は非課税、つまり税金がゼロになるので、とてもお得。

### 投資で10万円の利益が出た場合

通常の投資の口座

10万円の利益が出た

↓

20%の税金

↓

利益は 8万円に減る

NISA口座

10万円の利益が出た

↓

非課税

↓

利益は10万円のまま!

※復興特別所得増税は考慮せず。

iDeCoの場合

## ☑３つの税金メリットがありがたい！

60歳以降にお金を引き出すiDeCoは、“自分年金”のようなものと考えて。掛金が全額控除の対象になったり、運用中の利益が非課税だったり、受け取るときにも優遇があって、いろいろお得。

掛金を払うとき → その年の所得税と翌年の住民税が少なくなる!

運用中 → 運用益は非課税! 運用益分をさらに効率的に増やせる

受け取るとき → 課税はされるが負担が軽くなる優遇措置が受けられる

ちなみに……

銀行の積立預金だと利息に20%の税金がかかる！

※復興特別所得増税は考慮せず。

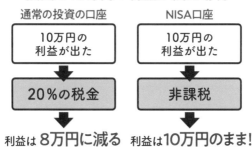

iDeCoは60歳まで
引き出せないのか〜

つみたてNISAなら
いつでも引き出せるの

## ☑iDeCoとつみたてNISA、どうやって始めるの？

どちらも証券会社、銀行などの金融機関で申し込みできます。各金融機関によって口座管理手数料が違うので（つみたてNISAは一律無料）、まずは手数料の安い金融機関を選ぶことが第一歩。

**金融機関を選んで加入する**

金融機関で口座を開く

↓

**iDeCoの場合**

**毎月、掛金を払い、金融商品を買う**

金融機関により商品ラインナップや手数料は異なる

↓

**60歳以降に貯まったお金を受け取る**

一時金か年金方式、または組み合わせで受け取れる

掛金の上限は、会社員か公務員か、自営業かによって異なる。また会社に企業型確定拠出年金があるかどうかなどでも変わるので、ちょっと複雑。いずれにしても月5000円以上、1000円単位で掛金を決める。

↓

**つみたてNISAの場合**

**年間40万円まで投資信託を買える**

iDeCoと違って預金と保険は対象外

↓

**好きなときに受け取れる**

最長20年間、積立できますが、いつでも売却は可能

最大で月額３万3333円まで金融商品を積立で買い、好きなときに引き出せるので自由度が高い。つみたてNISAの口座で買うことができる商品は金融庁が定めた条件に合うものだけで、どれも手数料が安い。

## 1万円以下でも始められる！

# 投資ビギナーにおすすめは「つみたてNISA」

### 将来の安心のために少しずつ始めてみては？

投資なんて私にはまだ早い、もしくは関係ないって思っていませんか？　いまや、投資は貯金と同じくらい、基本的なお金のスキル。とくにお金持ちじゃなくたって、いや、お金持ちじゃないからこそ、コツコツ運用することが大切なんです。税金の優遇がある制度には、「NISA」「つみたてNISA」「iDeCo」がありますが、投資ビギナーなら、「つみたてNISA」を始めるのがいいでしょう。

その理由は、①お金が必要になったとき、いつでも引き出せる（iDeCoだと、60歳まで引き出せない！）。②つみたてNISAで買えるのは、厳選された投資信託だけ。③月々少額から積立できて、最長20年という長いあいだ運用できる（一般のNISAは5年間）。

iDeCoは老後のためのお金に特化したものだし、一般NISAは毎年もっとたくさんのお金を運用できるから、ちょっと慣れた人向けの〝オトナNISA〟です。それに、つみ

**つみたてNISAのいいところ**

- ☑ 運用中いつでも引き出せる
- ☑ 手数料が安い商品が多い
- ☑ 最長20年間運用できる

たてＮＩＳＡと一般ＮＩＳＡ、両方の口座をつくることはできないので、気をつけて。
始めることがいちばんの練習になります。まずは、ネット証券会社のＨＰにアクセスして口座を開設しましょう！

## 貯金ができるなら、投資もできます

つみたてＮＩＳＡの商品は、ほとんど投資信託。そのなかでも、①長期投資に適したもの ②販売手数料が0円（ノーロードといいます）で、信託報酬が一定水準以下（高いものはダメ）、という国が決めた条件を満たした投資信託だけが選ばれているので、安心して始められるのです。

ポイントは、この「信託報酬」。これは、あなたが買った投資信託を管理・運用してもらうための手数料として、保有しているあいだずっと払い続ける費用のこと。保有している総額に対して年率0・5％といったふうに、差し引かれるので、安いに越したことはありません。たとえば同じ日経平均株価に連動するタイプのインデックスファンドでも、各商品ごとに異なる信託報酬が設定されているので、できるだけ安いものを選びましょう。**投資において、儲けの足を引っ張る2大要素は「税金」と「手数料」**。つみたてＮＩＳＡは、そもそも税金の面で優遇があるので、あとは商品の手数料にさえ気をつけて選べば、投資デビューとしてはパーフェクトです！

# マンガで解説!「つみたてNISA」で投資デビューする!

私でもできそうな気がしてきました！
さっそくつみたてNISAの口座を作りましょう
よぉーし、銀行の窓口に行ってきまーす
アデュ～
ギュッ
○○銀行
ちょっと待ったら～!!
口座はネット証券で開設しましょう
ん、ネット？？？
銀行でも扱っているけど、私のおすすめはこちらの2つです
おすすめネット証券
・楽天証券
・SBI証券
商品のラインアップが豊富なのが魅力！
積立の設定がいろいろ選べる！
私は楽天スーパーポイントを貯めらせるから楽天証券にしたよ
買い物もよくするし♪
なるほど～
どっちも申し込めるんですね。ネットでやってみます！

約1週間後……
つみたてNISAの口座を開設できました！……次は？
つみたてNISA
商品を選びましょう！
SBI証券は100以上!!
ジャーーン!!
ひえ～
どれを選べばいいかわかりませんっ
つみたてNISAで買えるのは、投資信託（投信）という商品で
投信
いろんな株の詰め合わせセットのこと
もぐもぐ
幕の内弁当にたとえられるよ
いわゆる
幕の内弁当
ひとつの企業の株だけを買っていたら、その企業の株価が下がったときに大損しちゃうでしょう？
いろんな株をセットにすることでリスクを分散できるのが投信のいいところ
ふんふん
たとえば、「NTTドコモと資生堂とパナソニックの株を買ってみたい」と思っても、それらをぜんぶ買うには大金が必要です
でも、投信にはそういう企業の株がちょっとずつ入っているの
よくわかりました！
で……どの投信を買えばいいですか？

心配ちゃんのようなビギナーさんは、投資の練習になるものを選ばないとね
私のおすすめは「日本株のインデックスファンド」
そのココロは!?
……っていうか何ですかそれ？
インデックスファンド＝日経平均株価など、株価全体と同じ値動きをするもの。これなら、テレビを見ているだけで上がり下がりがわかるでしょ？
たしかに。ニュースで「今日の日経平均株価は……」ってやってる
日経平均
今日の日経平均株価は…
それに、インデックスファンドは手数料が安い！同じ日本株でもファンドによって手数料が2％のものもあれば0・5％のものもあるのよ
商品によって手数料が違うのね！
手数料が安い日本株インデックスファンド
eMAXIS Slim 国内株式
（日経平均）
手数料は0.154%!
ニッセイ日経225インデックスファンド
手数料は0.275%!

ついに私も投資デビューー!
やったー!
毎月1万円、つみたてNISAで積立投資始めました!!
おめでと〜!!
88.3万円増えたことに!
(万円)
350
300
250
200
150
100
50
0
毎月1万円を利息3%で20年間運用した場合
328.3万円
139.7万円
19.7万円
120万円
88.3万円
240万円
運用の利益
元金
START(28歳)
10年後(38歳)
20年後(48歳)
※ちなみに毎月2万円で積み立てたら
約660万円(約176.6万円増)になります!
平均3%の利回りで運用できたら、20年で約330万円になるわね
すごいっ!!
20年後を夢見て頑張ります!
1年後…
深田さ〜ん!
日経平均株価が下がって積立したお金がマイナスに〜もう投資なんて止めたい……ううっ
……
あちゃ〜
そんなに泣かないで。下がったからって止めちゃダメ。
じつは商品をたくさん買えるチャンスでもあるのよ
え!?
「商品をたくさん買えるチャンス」とは1000円でりんごを買うとき
1個100円→10個買える
1個50円→20個買える!
1コ100円
1000
=
値下がり
1コ50円
1000
=

投資の商品も同じで、値下がりしているとき＝たくさん買えるとき、なの
今買っておけば今度値上がりしたときにお金が大きく増えるのよ
そうかーほっとした！目からウロコです！
2人とも、投資の練習ができてきたら、ちょっとステップアップしてみない？毎月の積立額のうち半分くらいを世界株のインデックスファンドにしてみては？
そうやって、日本株、世界株など、商品をいくつか組み合わせるのを「分散投資」と言います
じつは私、世界株を買い始めてたんです。だから今回、日本株は下がったけど、そっちは上がってました！
「分散投資」
ひとつのカゴに入れた卵は全部割れる可能性があるけれど、分けておけば全部は割れません
JPN
分散投資
ほっ
EU
USA
なるほどーー！
まだまだわからないこともあるけど、もう怖くはないかも！
分散投資で少しずつ、が大事ですね
よかった～
そうそう！将来に向けて無理なく始めていきましょう！
完

## そもそもわかってません……「投資の基礎知識」教えてください

### Q 手数料(信託報酬)の目安ってどのくらい?

### A 0.5%以下のものがおすすめです!

投資信託の手数料は、運用の手間がかかるものほど高く設定されています。インデックスファンドは日経平均株価などの指標に連動するようになっているので、いわば商品の中身はどれも同じ。手数料がより安いほうを選んでOK。

### Q 運用途中で商品は変更できますか?

### A できます。ただし、つみたてNISAは不可

通常は持っている投資信託を売って、他のものを買うことは可能。ただし、つみたてNISAは非課税の枠が決まっているので、売った分で買い直すことはできません。新たな積立分で別のものを買うといいでしょう。

### Q 世界株? 日本株? 何が違うんですか?

### A 外国企業の株も投資信託で買えるんです!

投資信託がどんな詰め合わせになっているのかはさまざま。日本企業の銘柄だけを集めたものや、先進国だけのもの、新興国だけのもの、それらを全部セットにしたものだってあります。慣れてきたら、地域を分散させて投資するのもコツの一つです。

### Q 外国株の投資信託の選び方とおすすめは?

### A 基本の考え方は日本株と同じ。手数料にまず注目を

日経平均株価のような株価指標があるのは外国も同じ。外国株にもインデックスファンドがあって、手数料(信託報酬)も低く設定されています。eMAXISシリーズなどがおすすめです(eMAXIS Slim全世界株式/除く日本 ほか)。

### Q 参考になるおすすめのサイトを教えてください

### A 経済雑誌や金融庁の専門サイトをチェック

つみたてNISAについて知るには、金融庁のHPが便利です(つみたてNISAを推進している省庁は金融庁)。PDF版のガイドブックもダウンロードできます。https://www.fsa.go.jp/policy/nisa2/about/tsumitate/index.html

## （ネット証券に口座を開くには？）

証券会社のHPで、初めての場合はまず総合口座を開設します。WEB上のフォームに必要事項を入力するだけ。たとえば楽天証券の場合、この入力フォーム内でNISA・つみたてNISAも選択できるので、「つみたてNISAを開設」にチェック！　マイナンバーカードと本人確認書類をアップロードすれば、数日で仮開設のお知らせが届きます（税務署での審査を経てから本開設）。※口絵参照。

➡注意すべきPOINT

1 一度、取引した金融機関は
翌年まで変更できません

2 つみたてNISAと
一般NISAの併用はできません

3 特定口座or一般口座を聞かれたら、
「特定口座（源泉徴収あり）」を選択

## （「投資の基礎用語」教えてください）

### ☑投資信託

⬇

**プロに運用をおまかせ！少額から分散投資できる**

つみたてNISAにラインアップされている商品はすべて投資信託（ファンド）。みんなから集めたお金を一つの大きな資金としてまとめ、専門家が株などで運用してくれる金融商品です。初めからいろいろなものが詰め合わせになっているので、少ない金額でも分散投資できるのがメリット。

### ☑日経平均株価

⬇

**ニュースでもおなじみの日本経済の指標の一つ**

日本を代表する企業、225銘柄の平均株価。毎日ニュース番組で伝えられるくらい、日本経済の動向を表している株価指数の一つ。「日経平均」「日経225」とも呼ばれ、英語では「Nikkei225」と表記されます。ほかの主な株価指数には「TOPIX」（東証株価指数）というものがあります。

### ☑インデックスファンド

⬇

**投資ビギナーにもおすすめ。値動きがわかりやすい**

日経平均株価、アメリカの「NYダウ」などの株価指数（ベンチマークともいう）に連動するようにつくられた投資信託。専門知識がなくても値動きを確認できるので初心者にもわかりやすく、手数料が安いのが魅力。一方、株価指数を上回る運用成果を目指すのが「アクティブファンド」です。

COLUMN 7

これも知りたい!

# 外貨預金

## これって貯金じゃないの?

海外旅行に行くときに両替したり、外貨はけっこう身近。
円より利息がいいと聞けば、興味も湧くけど……普通の円の預金と何が違うのかな。
私、外貨預金、始めてもいいですか～?

なぜか女性に人気のある外貨預金。ちょっとかっこいい! というイメージもあるのかもしれませんね。

ただ、〝預金〟とはいっても、**それなりにリスクのある金融商品なので、日本円の預金と同じように考えてはいけません。**とくに、金利の高い新興国の通貨を買うのはあまりにも危険。今、大手銀行の米ドル・一年もの定期預金の金利は0・1～0・2%程度なので、左ページの図にある8%がどれほど高金利かわかるでしょう? こうした通貨は手数料が割高だし、政治的に不安定な国の通貨なら暴落する可能性だってあります。「預金っていうくらいだから安心でしょ」と、安易に近づかないように気をつけて。

外貨預金の場合、保証されている元本はあくまでも外貨ベース。当然ながら為替レートの影響を受けるし、手数料もかかります。たとえば、1米ドル100円のときに1000ドル購入したとして、満期になって下ろすとき1ドル120円だったら2万円プラスに。逆のパターン（1ドル80円）ならば2万円マイナスになるというわけ。これを為替差益/差損といいます。円高のときに外貨を買っておくと収益を期待できそうですが、為替レートの変動は誰にも予測できないもの。目標額が決まっている必要なお金は、外貨ではなく円で貯めるようにしましょう。

## 高金利の外貨に注意!!

### トルコリラ建て定期預金1年物:金利8%

※ 2017年の例

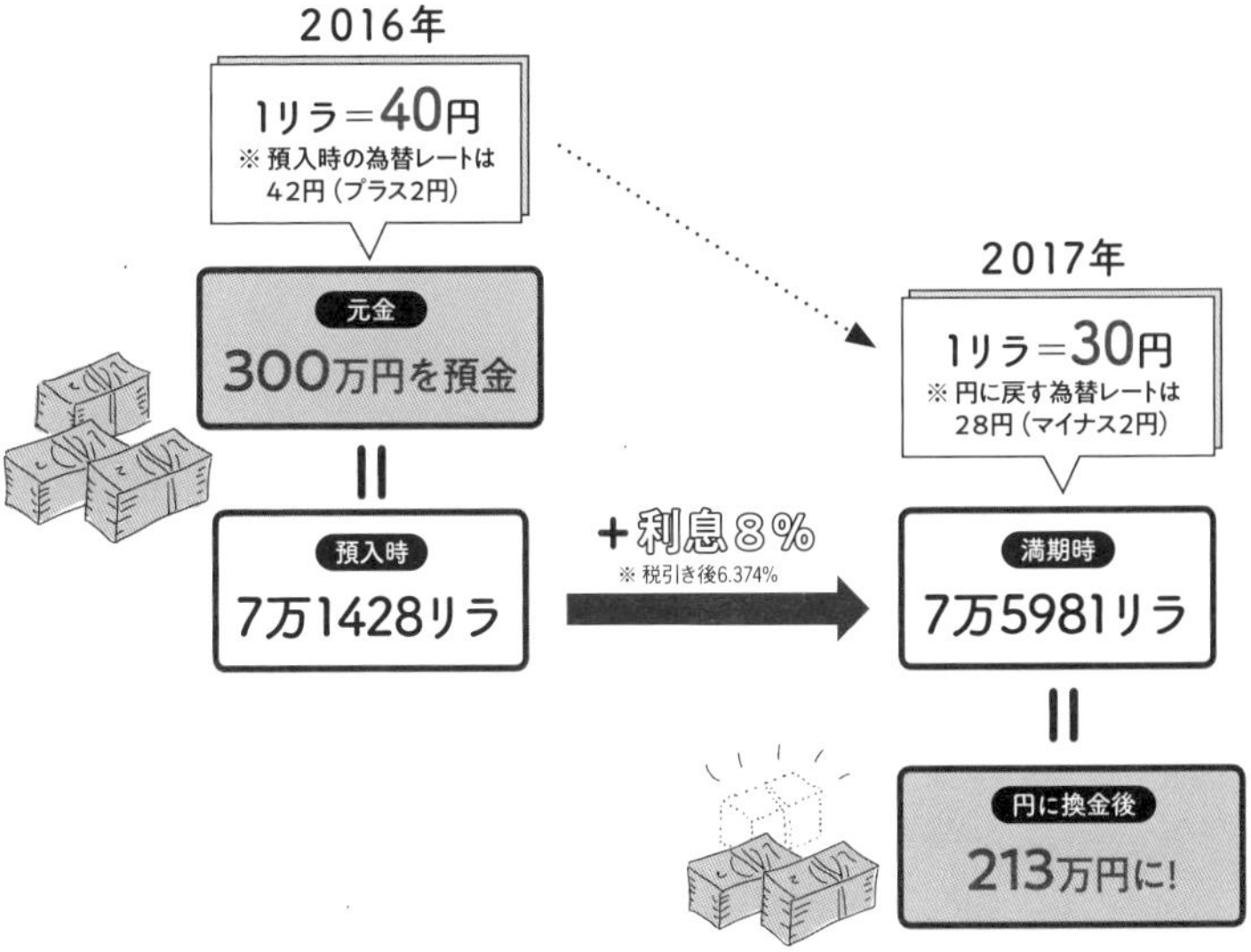


つまり……

**300万円が213万円に!**

(円換算だとマイナス87万円……)

☑ **マイナー通貨ほど為替手数料が高い!**

☑ **金利が高いものはリスクも高い!**

金利8%なんて、すごい!　と飛びついてはいけません。為替レートがたった10円、円高に振れただけでこんなにも損をしてしまうことに。どんな高い利息も為替リスクはカバーできないし、利息の高い通貨ほど手数料も高額になることを肝に銘じよう。

## 「外貨預金」のまとめ

1 円の預金と同じように考えてはだめ

2 不安定な国の通貨は暴落のリスクが！

3 為替の差益でもうかる可能性も

4 為替を予想することは誰にも
できないのでリスクに備えられない

5 使い道の決まったお金を貯めるなら円で！

高金利だと
リスクが大きいのね
ユーロか米ドル
ちょっと興味ある～

PART.8

# お金のギモンQ&A

—今さら聞けない基本のキから教えます—

多い／少ない？　増える／増えない？

# 給料と貯金モンダイ

## Q 自分のお給料が多いのか少ないのかわかりません。同世代と比べてどうなんだろう？

## A 同世代だからって同じくらいのお給料とはかぎりません。

「同じくらいの年齢でも、勤め先によってお給料に差が出ます。たとえば20代の事務職だったら、年収250万〜500万円とけっこうな幅が。お給料は「業種」と「会社の規模」で決まるものなのです。」

## Q 正社員で働くメリット・デメリットを知りたい。フリーランスとどう違うの？

## A 年金や安定の度合いが違います。

「メリットは、厚生年金があることと、安定してお給料をもらえること。福利厚生が充実している場合もあります。働き方が多様化している今、フリーランスが向いている人もいるでしょう。でも、自由なように見えて、実際は24時間仕事のような不自由さもあり、イメージと違っているかもしれません。フリーランスになりたいのなら、先輩の話をよく聞いてみて。」

## Q 給料の何割くらいを貯金すればいい？

## A 割合じゃなく、「金額」で考えましょう。

「お給料の○割という考え方はやめて、具体的な貯金額を決めるようにしましょう。収入だけじゃなく、住まいによっても貯金にまわせる金額は違います。たとえば手取りの月収が15万円くらいの場合、ひとり暮らしなら２万円、実家なら５万円を目安に。手取り月収20万円くらいの場合、ひとり暮らしなら３万円、実家なら８万円を貯金できるといいですね。」

## Q 天引きされているものの中で、自由に外せる項目ってありますか？

## A 「控除」の中身をチェック。会社経由の生保・損保などは解約可能。

「社会保険料や税金は自分でコントロールできるものではないので外せません。「控除」のなかでも、会社経由で入ったグループ共済、生命保険、損害保険などは自分で入ったものなので、解約できます。」

## Q 何年目くらいから お給料が上がる のでしょうか？

## A 会社によって 違います。

「毎年少しずつ昇給する会社もあれば、役職につくと一気に上がるタイプの会社もあり、一概には言えません。会社の先輩とお茶をしたときに何気なく聞いてみたり、社内で情報収集をしてみましょう。」

## Q 少しでも利子がつけばと定期預金にしているけど、本当にお得？

## A お得ではないけれど、意味はあります。

「銀行の定期預金は、本来なら普通預金よりも高い利子がつくところが魅力なのですが、今は低金利なので、100万円預けても年に数十円増える程度。これではお得とは言えませんよね。でも、ATMなどで簡単に下ろすことができないように定期預金というシステムを利用して貯金することには、ちゃんと意味がありますよ。がんばって貯めていきましょう！」

## Q コツコツ 貯金ができません！

## A "努力"ではなく "仕組み"が必要です。

「余ったお金を少しずつ貯金しようと思ったら、いつまでたっても貯まりません。必要なのは、努力しなくても貯まる仕組みを作ること。すぐに自動積立を始めましょう。」

ちなみに……

### 貯金額の多い人 ＝収入の多い人ではありません。

いま、貯金ができていない人ほど「年収が低いから貯金できない」「お給料が上がったら貯金を始めよう」などと言い訳しがち。でも実は、収入の多い少ないと貯蓄額は比例しません。ひとり暮らしでお給料の手取りが20万円程度でも、がんばって30歳までに300万円貯められる人もいれば、実家暮らしで手取りが25万円あっても貯金がまったくない人もいます。

## Q「基本給が高い会社」と「基本給が安くてもボーナスがいい会社」、どっちがおすすめですか？

## A 惑わされないで。「基本給が高い会社」！です。

「これははっきりと、「基本給が高い会社」がおすすめです。なぜなら、ボーナスの元になる金額が基本給だから。ボーナスが給料の４ヵ月分or ２ヵ月分の違いは、１年間に支給されるお金を16ヵ月で割るor 14ヵ月で割るという違いです。「ボーナスが○ヵ月分も出るなら、こっちのほうがいいかも！」と惑わされないように気をつけて。」

## Q 奨学金はコツコツ返すより まとめて返したほうがいい？

## A 無利息ならコツコツでOK。

無利息なら、急がずにコツコツ返していけばOK。利息がある場合、ある程度の余裕があるときにまとめて返してもいいのですが、数年以内に結婚などお金のかかるイベントが控えているのなら、手元にお金を残しておくほうがベター。利息がつくといっても金利は低いはずなので、無理をしてまでまとめて返済する必要はありません。

## Q お給料を増やすにはズバリ、どうすればいいですか？

## A 転職が近道、というケースも。

今の会社で大幅な給料アップを目指すとなると、役職につくなど、なかなかハードルが高そう。お給料は会社の規模、業種によって決まるので、収入を増やしたいなら転職するのが近道かもしれません。業種を変える、または同じ業種でも今より大きな会社を受けることがポイント。そのために資格を取るのも有効です。

## Q「福利厚生」ってそもそも何のこと？

## A 会社からの「お給料以外のサービス」です。

会社が提供する、お給料以外の社員へのサービスのことです。代表的なものは住宅手当、財形などの利子補給、社員食堂、社員販売など。広い意味では退職金も福利厚生の一つに入ります。

## Q クレジットカードの選び方がわかりません。

## A スタンダードな交通系や、よく使う百貨店系を。

クレジットカードは持っているだけで年会費のかかるものが多いので、メインとサブの2枚を厳選しましょう。いつも使う百貨店、駅ビル、ネットショップなどの系列カード、もしくは交通系を選ぶといいでしょう。貯めたいポイントを絞り、目的に合ったカードを見極めて。そして、くれぐれもキャッシングやリボ払いを利用しないように！

## Q 貯金するのと投資するの、どっちがいいのかな？

## A まずは貯金を！

まずは貯金が優先です。当面生きていくため、そして少し先のライフイベントのために貯金は必要。お金が貯まってきたら、次のステップとして投資を検討してみても。

## Q いくつかの口座にお金を分けておいたほうが安心ですか？

## A 安心ではなく、貯めるために口座を分けましょう。

「口座を分けるのはおすすめ。それは安心（セキュリティ）のためという意味ではなく、お金を貯めやすくするため。①お給料が振り込まれ、日常生活で使うための「決済用口座」、②お金を貯めるための「積立用口座」、③半年～１年以内のイベント、旅行、大きな買い物などに使えるように一時的にお金をプールしておく「サブ口座」、の３つがあると便利です。」

## Q 世の中のお金の流れを知るにはどうすればいいですか？

## A 自分なりの「師匠」を見つけて、その人の記事を読んでみて。

「まずは１～２週間、経済系のウェブサイトをいろいろ眺めてみましょう。例えば「マネー現代」「NIKKEI STYLE」「ダイヤモンド・オンライン」などがあります。いいなと思う記事を見つけたら、同じ人が書いた記事をまた探して読んでみて。その人を〝師匠〟だと思って、記事や本をチェックするうちに、お金や経済のことが少しずつわかってくるはず。」

## （ 今さら聞けない「お金の基礎知識」 ）

### ☑財形貯蓄

給料から天引きで積立できる、会社の福利厚生のひとつ。特定の目的がなくても貯められる「一般財形」、住宅取得の目的に限定した「住宅財形」、老後資金の目的に限定した「財形年金」の３種類があり、いつでも引き出せるのは一般財形。

### ☑個人年金保険

公的年金とは別の、金融機関や保険会社で申し込む私的保険。60歳や65歳まで保険料を支払うと、老後の一定期間は年金が受け取れる。かつては高い利率でお金を増やすことができたが、今は利率が低く、手数料のコストがあるので預金よりも不利に。「保険で貯蓄という選択肢はない」と心得よう。

### ☑自動積立定期預金

銀行で申し込める積立預金。毎月１万円、３万円など自分で決めた一定の金額がメイン口座から積立口座に自動的に移されるので、放っておいてもお金を貯められる。給料が振り込まれる口座と同じ銀行で申し込もう。

結婚・出産・育児・年金……

# 女子のミライのお金モンダイ

## Q 老後のために、結局いくら貯金すればいいの？

## A いまは年金額を増やすことを優先して。

「老後資金2000万円問題」が話題になりましたが、老後に必要な貯蓄額は人によって違います。今、働いている女性ができる一番の老後対策は、会社員として働き続けて、自分がもらえる年金を増やすこと。年金だけで100%足りるということはないにせよ、女子も働き続ければ、将来、夫婦２人分の厚生年金というご褒美が待っているのです。」

## Q 独身時代にある程度お金を貯めておいたほうがいいですか？

## A もちろんです！

「「貯めておいたほうがいい」どころか、独身時代は、むしろ最大の貯めどきです。なぜなら、自分のためだけにお金を使えて、自分ですべてをコントロールできるから。結婚し、子どもができるとそうはいきません。独身時代に〝貯めグセ〟がついていれば先々の人生もきっと安心。反対に、ここで貯める習慣が身についていないと、将来はかなり不安です。」

## Q 夫とどこまでお金のことを共有すべき？

## A 最低限、お互いが毎月いくらずつ貯めるのかを決めておきましょう。

「①お互いの収入、②貯蓄額、③いま月々いくら貯金しているのか。この3つを共有できるといいと思います。もし、そこまで明かすのがどうしても嫌なら、最低限、「これからお互いが月いくらずつ貯金するか」だけは話し合って決めましょう。旦那さんが抵抗（？）したら、「いつかマンションを買いたいから」などの理由をつけてみては？」

## Q 年金を払わずにすむ方法ってありますか。

## A ありません。

「年金は、みんなで助け合う制度。払う／払わないの選択肢はありません。会社員ならお給料から厚生年金保険料として引かれるし、自営業も国民年金の保険料は必ず払います。」

## Q 年金って本当にもらえるんですか？

## A もらえます。

「年金は国の制度。破綻することがないように制度を改正しながら時代に対応しています。もらえる分が減る可能性はあっても、まったくもらえないということはありません。」

## Q 自分がもらえる年金額を知りたい
## A 働き方によって金額が変わります。

「もらえる年金額は、働き方と働いた期間、年収によって変わってきます。会社員のあいだは厚生年金に加入していて、仕事をやめると国民年金のみに。たとえば、40年間働き、その間の平均年収が400万円なら、もらえる年金額は年168万円。これが、同じ平均年収でも20年しか働いていないと、もらえる年金額は年124万円になります。」

## Q 子どもができたら、どのくらいお金が必要になるの？
## A その子が18歳になるときに300万円を準備するのが目標。

「育児・教育にかかるお金は、トータルで何千万などと考えてもあまり意味がありません。生まれてすぐから毎月数万円ほど支出が増えますが、まとまったお金が必要になるのは大学などに進学する18歳のとき。そこに向けて300万円以上の貯金を目標にしましょう。つまり、高校までの教育費を払いながら並行して貯めるということ。ちなみに現在、児童手当をすべて貯めれば中学卒業までに約200万円になります。」

## Q 専業主婦になるには、どのくらいの年収の人と結婚すれば？
## A 年収700万円でも貯蓄する余裕がないかも。

「子どもを２人持つとしたら、夫の年収が700万円あったとしても貯蓄するのは難しいのではないでしょうか。そもそも30歳くらいで年収700万円の男子なんてほとんどいないので、現実的ではないですね。親世代が専業主婦でなんとかなっていたのは、夫の給料が毎年上がり、社宅などが充実していて、その分貯金もできる時代だったから。今はお給料が上がりにくく、少し高収入の人と結婚したからといって自分の仕事をやめてしまうのは危険です。」

## Q 個人年金に入ったほうがいいですか？
## A 入らなくていいです！

「ひょっとして、両親から「入ったほうがいい」と言われたのでしょうか？　本書でも繰り返しお伝えしていますが、親の時代と今とではお金をとりまく状況が違うので、親に勧められたものがいいとはかぎりません。個人年金保険はその代表。かつて金利が高かった頃は入っておくといい保険の一つでしたが、今は低金利なので有利ではないのです。」

### 保険は貯金ではありません

親世代から勧められることの多い「個人年金保険」。かつて高金利だった時代には有利な商品だったけれど、現在のように低金利の状況で加入するのは圧倒的に不利になる。貯蓄型の保険には加入しないこと。保険は保険、貯蓄は貯蓄と分けて考えよう。

#### 親世代と私たち世代で比較すると？

60歳から毎年120万円の年金を10年間受け取れる個人年金の例

| | 親世代（1990年 加入） | 私たち世代（2019年加入） |
|---|---|---|
| 月払い保険料 | 1万4652円 | 3万924円 |
| 30年間の保険料総額 | 約527万円 | 約1113万円 |
| 年金受取総額 | 1200万円（120万円×10年間） | |

※30歳女性が加入し60歳で払込満了の場合。

払った金額の2倍以上の年金をもらえた

親世代より倍以上も多く払わないといけない！

## Q 女性はどんな保険に入るのがいいでしょうか？

## A 男女はあまり関係ありません。

「「女性のための～」のようなキャッチコピーの商品があるので迷ってしまうかもしれませんが、保険に男女の違いはありません。それよりも、子どもがいるかどうかで必要な保障が変わります。子どもがいないうちは、医療保険だけで十分。子どもができたら、死亡保障のある生命保険に加入するといいでしょう。医療費については高額療養費制度という公的制度もあるので、いずれも掛け金の安い、掛け捨てタイプを選びましょう。」

## Q お得な保険を知りたいです。

## A 一見お得そうな保険も、実はお得じゃない可能性が。

「お得に見える保険には要注意です！「お祝い金」「健康ボーナス」などが出る保険はお得そうな気がしますが、実はそのボーナス分を、自分で余計に払っているだけなのです。医療保険なら2000円台の掛け捨てで十分。掛け金の高い保険は、お得じゃないばかりか、貯金の妨げになるので入ってはダメ。保険料はできるだけ安く抑えるのが鉄則です。」

## Q 災害が怖いです。災害保険って必要ですか？

## A 火災保険に地震保険をつけるのがおすすめ。

「ひとり暮らしなら、家を借りるときに家財の火災保険に入っているのでは？そこに家財の地震保険を付けるとより安心です。ただし「ミニ保険（少額短期保険）」という火災保険だと、地震保険を付加できません。」

## Q 生命保険ってトータルでいくらくらいかかるもの？

## A 選び方で大きく差が出ます。

「目安になる例があります。必要な保障だけを選択して、掛け捨てで掛け金の安いものに入った場合は、夫婦50年間で888万円。もし、勧められるままに「セット商品」などに加入してしまうと、夫婦50年間で2112万円。総額で1200万円以上も差が出ます。解約すると元本割れする保険もありますが、無駄なお金を払い続けるよりは解約したほうがおトクと心得て。」

## Q 家は賃貸よりも買ったほうがいいのでしょうか。

## A 老後も家賃を払い続けるか、前払いするかの違いです。

「どちらがいいとは言えませんが、老後を迎えたときに年金のなかから家賃を払っていくのが不安な人は、老後の家賃を前払いする感覚で、家を買うという選択もありだと思います。決して資産になるから買うのではありません。買うのであれば、老後もローンの支払いが残ったら本末転倒なので、多額のローンを組むことは避けましょう。」

## Q 投資ってしたほうがいいんですか？

### A 練習が必要なので、少しずつ始めてみては。

「してもしなくてもいいのですが、貯金できていて、興味があるなら始めてみては？自転車に乗るのと同じで、練習なしでいきなり上手くいくものではないので、早くから少しずつ始めるのがおすすめです。」

## Q 初心者が始めるのにぴったりな投資って何ですか？

### A つみたてNISAとiDeCoです。

「初心者でもベテランでも、儲けの足を引っ張るのは「税金」と「手数料」。なので、税の優遇があって、手数料の安い商品を選べる制度「つみたてNISA」と「iDeCo」を利用するのがおすすめです。」

## Q 投資を始めたいけど、身近に相談できる人がいません。

### A まずは本を1～2冊読んでみて。

「人に相談するより本を１～２冊読んでみましょう。『税金がタダになる、おトクな「つみたてNISA」「一般NISA」活用入門』（竹川美奈子著）、『ど素人が始めるiDeCoの本』（山中伸枝著）などの入門書があります。」

## Q 投資を始めるときに気をつけることは？

### A まとまったお金を投資しないこと。

「大きなお金をいきなり投資につぎ込んだりしないこと。タイミングはいつでもいいので、まずは月１万～２万円程度の積立投資を始めましょう。少額ずつ、長期にわたって積立することがリスクの分散にもなります。投資で失敗するのは、退職金をもらったときなど、一度に多額のお金を投資してしまうから。やってはいけない典型です。」

## Q 投資のセミナーに行ってみたいのですが。

### A 無料セミナーは販促目的のものも。

「どんなセミナーかを見極めて、参加してみてください。無料の場合は、販促目的のセミナーが多いので投資商品を勧められる可能性も。新聞社などが主催するセミナーだと安心です。」

## Q 株価ってこれから上がるんでしょうか。

### A 株価は上がったり下がったりするものです。

「上がることもあるし、下がることもあるでしょう。株価って、そういうものです。いつ上がるかを予測することは誰にもできないし、最高値がどこかというのも、後で振り返ったときに初めてわかります。」

この本を読み終わったあなたへ

# 「今すぐ始める」リスト

本を読んで満足……ではもったいない！

あなたがこの本を買った目的は、

「お金を貯めたい」「増やしたい」

「将来のお金について不安をなくしたい」

といったことだったはず。

次は実践あるのみ！　です。

CHECK 1
## 源泉徴収票から自分の「手取り」を出す …… P26

CHECK 2
## 自分のお金グセを知ってムダ使いを見直す …… P40

CHECK 3
## 自分に合ったお金の貯め方プランを立てる …… P62

CHECK 4

自分の人生とかかるお金をイメージする……P86

CHECK 5

積立投資を少額から始めてみる……P148

さらに……

- 不要な保険に入っている人は整理する……P116
- 休眠預金がある人は取り戻す手続きを……P32
- キャッシュレスの取り入れ方は厳選……P78
- 結婚に迷っているなら……P104

これさえやっておけば、

**「一生、お金に困りません」!**

# おわりに

## お金に振り回されず生きていくために

たかがお金、されどお金。知ることで、お金の問題に振り回されずに自分のしたいことを選べるようになります。

女性の人生は必ずしも一本道ではありません。働き続けたいと思っていても、自分の気持ちだけでは決められない事情もあるでしょう。それでもお金とは一生付き合っていかなければいけないのだから、できるだけストレスなく貯めていけるようになってほしい。これが、この本でいちばんお伝えしたかったメッセージです。

実をいうと、本書で「やってはダメ！」と指摘しているあれやこれやは、かつての私自身がしていたこと。これでもOLをしていた20代の頃は、みごとなまでのお金オンチでした。当時はバブル真っただ中。今では信じられないほど金利が高かった時代です。まわりの人はみんな高金利商品に預けていたけれど、私はというと家賃、通勤服、友人との交際費に毎月のお給料が消えていき、運用するお金なんて持っていませんでした（本当にボーナスで赤字補てんしていたんですよ！）。入社して3年ほど経ってから、ようやく財形貯蓄を始めたくらいです。

一生できる仕事を見つけようと思い、勤めていた会社を28歳で辞めることに。それまで貯めていた財形貯蓄のおかげで少しまとまったお金が手もとに残り、そのお金の運用先として、ある信用金庫の定期預金に目をつけました。雑誌の「高利回りの定期預金ランキング」といった類いの記事に載っていたからです。ところが、お金を預けようと思った矢先に、その信用金庫が破綻。肝を冷やしたと同時に、〝金利が高い＝つぶれるリスクも高い〟と思い知り、お金について無知なのは怖いことなのだと実感しました。

そんなこともあり、お金について「知りたい」という気持ちが高まり、ＦＰ（ファイナンシャルプランナー）になるきっかけになりました。ＦＰになってからは、現金は月に一度しか下ろさない、先取り貯蓄をして残ったお金で暮らすといった、ちょっとした習慣の積み重ねで、お金についてのストレスをずいぶん減らすことができました。「知って」、「実行する」だけで、貯め体質になれるのですよ。それをお伝えしたくて、本書を書きました。みなさんも実践して下さいね。


最後にこの本の制作チームを紹介しましょう。

「女性向けに日本一わかりやすいお金の本を作りたい」と熱い思いで企画を立て、実行に移してくれた講談社の山本忍さん、読者に伝わりやすい表現を追求し、私の執筆をサポートしてくれたのはフリーライターの黒澤彩さん、装丁とデザインをお金の本とは思えないほど素敵に仕上げてくれたデザイナーの田辺有美さん、女性に親近感を持たせるイラストとマンガを描いてくれたのはイラストレーターの黒猫まな子さん。私を含め、5人の女性のチームで作りました。

この5人、会社員もいれば、フリーランスもいます。30代から50代まで、子どもがいる人もいれば、シングル、DINKSもいるという、多様な働き方、属性の集まり。社会の縮図のようなチームで、当初の目標通り「日本一わかりやすいお金の本」に仕上がったと自負しています。

そして、読者のみなさん、最後までお読みいただき、ありがとうございました。本書がみなさんのこれからの人生に少しでも役立つことを、チーム一同、心より願っています。

2020年3月

生活設計塾クルー　深田晶恵

**深田晶恵／ふかたあきえ**
**ファイナンシャルプランナー(CFP)**

株式会社 生活設計塾クルー 取締役。外資系電機メーカー勤務を経てファイナンシャルプランナーに転身。金融機関等に属さない独立系ファイナンシャルプランナー会社である「生活設計塾クルー」のメンバーとして、個人向けのコンサルティングや講演のほか、テレビ、雑誌、ウェブ等のメディアで活躍中。24年間で受けたマネー相談は4000件以上。『サラリーマンのための「手取り」が増えるワザ65』(ダイヤモンド社)、『まだ間に合う！ 50代からの老後のお金のつくり方』(日経BP社)ほか著書多数。

構成／黒澤　彩
イラスト／黒猫まな子
デザイン／田辺有美（GURIPESS)

＊本書は『with』2019年５月号～2020年２月号で連載された『女子が知っておきたいお金のすべて』企画をもとに追加取材をし、再編集したものです。

※本書は2020年2月現在の金利水準、商品情報、税制・社会保障制度に基づいて書いています。実際の投資は、証券会社や銀行で情報を確認し、ご自身の判断で行ってください。本書を利用したことによるいかなる損害などについても、著者および出版社はその責を負いません。各種試算は著者による作成時点でのものであり、個別の計算過程に関する質問にはお答えできませんので、あらかじめご了承ください。

**知識《ちしき》ゼロの私《わたし》でも!**
**日本一《にほんいち》わかりやすい　お金《かね》の教科書《きょうかしょ》**

2020年3月17日　第1刷発行

著者　深田《ふかた》　晶恵《あきえ》


発行者　渡瀬昌彦
発行所　株式会社　講談社
〒112-8001　東京都文京区音羽2-12-21
編集　☎03-5395-3447
販売　☎03-5395-3606
業務　☎03-5395-3615

印刷所　大日本印刷株式会社
製本所　大口製本印刷株式会社



ISBN 978-4-06-519311-2